KB064998

과잉 숭조에 따른 후대 작위적 생산의 문헌 사례
고문헌의 사료적 신빙성 의문

양건당 황대중 임진창의격왜일기

兩蹇堂 黃大中 壬辰倡義擊倭日記

黃廷美 원저 · 申海鎭 역주

머리말

이 책은 양건당(兩蹇堂) 황대중(黃大中, 1551~1597)이 1592년 임진왜란 발발 전부터 1597년 8월 16일 남원성이 함락되어 순절하기까지 겪은 사건들의 글을 번역하였다. 이 글은 일기라기보다는 사건 중심의 녹(錄) 형태의 글로서 황대중의 문집《양건당문집(兩蹇堂文集)》의 권3에 수록된〈찬술선고양건당 임진창의격왜일기(纂述先考兩蹇堂壬辰倡義擊倭日記)〉이다.

황대중의 본관은 장수(長水), 자는 정숙(正叔), 호는 양건당(兩蹇堂)이다. 황희(黃喜, 1363~1452)의 첫째아들 치신(致身) 계파로서 황사효(黃事孝)의 증손자, 황첩(黃堞)의 손자, 황윤정(黃允貞)의 둘째아들이다. 초명은 황유(黃萸)이다. 그는 효성이 지극하여 효건(孝蹇)이라는 칭호를 얻었으며 참봉(參奉)에 천거되었다. 1592년 임진왜란 때 장사(壯士)로 뽑혀 전투에 참여하였으며, 6촌형인 병사(兵使) 황진(黃進)을 따라 진주성 싸움에도 참가하였다. 성이 함락되면서 겨우 빠져나와 통제사(統制使) 이순신(李舜臣) 휘하에 들어가 한산(閑山) 싸움에 맹활약하였고, 1597년 정유재란 때 병사(兵使) 이복남(李福男)과 더불어 남원성을 사수하다가 순절하였다.

이러한 그의 평생 이력은《일성록(日省錄)》1795년 5월 22일자를 보면 알 수 있다. 호남 암행어사 정만석(鄭晩錫, 1758~1834)이 올린

별단(別單)에 이르기를, "강진의 고(故) 참봉 황대중은 익성공(翼成公) 황희(黃喜)의 5대손입니다. 부모가 병이 났을 때에 허벅지 살을 베어 달여 드려서 효험을 보았지만 그 일로 왼쪽 다리를 절게 되어 사람들이 '효건(孝蹇)'이라고 불렀습니다. 임진년(1592)에 난리를 당하자 쇠를 제련하여 강철을 만들고 또 산 밑에서 말 한 필을 얻어 타고는 평양까지 쫓아가 호종하였고, 계사년(1593)에는 통제사 이순신(李舜臣)의 종사관이 되어 진주(晉州) 전투에 참여하여 뛰어난 공을 많이 세웠습니다. 그때 적의 탄환에 맞아 또 오른쪽 다리가 부러졌으므로 세상에서는 또 '충건(忠蹇)'이라고 불렀습니다. 뒤에 남원(南原) 전투에 참여하여 힘껏 싸우다가 순절(殉節)하였는데, 죽을 때에 다른 사람에게 검을 주면서 '이 칼로 왜적 천 명을 찌른 다음 내 시체를 염하여 내 말에 실어 주면 말이 혼자 돌아갈 것이다.'라고 하였는데, 과연 그 말[言]대로 말이 혼자 300리를 걸어서 그의 집으로 돌아갔습니다. 고(故) 상신(相臣) 이경여(李敬輿)와 이여(李畬), 그리고 중신 서성(徐渻)과 이명한(李明漢) 등 여러 사람이 모두 그 충효를 드러내어 찬탄한 기록이 있어 이 일을 징험할 수 있습니다. 그러나 해가 오래되면서 사실이 희미해져 포상하는 은전을 입지 못하였으니 실로 성조(聖朝)에 흠이 되는 일입니다."라고 한 기록에서 확인된다. 그리고 《정조실록》 1795년 5월 28일자 4번째 기사에서 황대중에게 정려(旌閭)해준 기록이 있다.

이어서 이민보(李敏輔, 1720~1799)가 그의 문집 《풍서집(豊墅集)》 권6에 〈황열사정문기(黃烈士旌門記)〉(양건당문집에는 〈정려기〉임)를 수록해 놓았다. 이 글은 정만석의 별단과 대동소이하나, 이민보의 선조

백주(白洲: 이명한의 호)가 남겨놓은 글이 있어서 징험할 수 있었다고 한 내용이 주목되었다. 그러나 이민보의 고조부인 이명한(李明漢, 1595~1645)의 문집 《백주집(白洲集)》에서 황대중에 관한 내용을 찾았지만 찾을 수가 없었다.

또 1799년 간행된 것으로 추측되는, 고정헌(高廷憲, 1735~?)의 서문이 있는 《호남절의록(湖南節義錄)》의 황대중 편목에 「자(字)는 정숙(正叔). 본관은 장수(長水). 천성이 매우 효성스러웠으며 어머니의 병환에 허벅지의 살을 베어 먹이니 병이 나았다. 사람들이 말하기를, "효건(孝蹇: 효자 절뚝발이)이다."라고 했다. 천거되어 참봉(參奉) 벼슬을 받았다. 임진란 때 장사(壯士)의 선발에 뽑혔다. 여산(礪山)에 이르러 적을 만나 1명을 목 베고, 마침내 서울에 들어가 호가(扈駕)하였다. 이 제독(李提督: 이여송)이 공을 뽑아 선도(先導)로 삼았다. 병사(兵使) 황진(黃進)을 만나 진주(晉州)에 들어갔는데 성이 함락될 때 신마(神馬)를 타고 탈출하여 통제사(統制使) 이순신(李舜臣) 진에 나아갔다. 한산(閑山) 전투에서 오른쪽 다리에 탄환을 맞아 절뚝거리니 이공(李公)이 탄식하며 말하기를, "옛날 효건(孝蹇)이 지금 충건(忠蹇: 충신 절뚝발이)이다."라고 하였다. 정유란(1597) 때 병사(兵使) 이복남(李福男)과 함께 병사들을 합하여 여러 싸움터를 옮겨 다니다 남원(南原)에 이르러 성이 함락됨에 탄환에 맞아 죽었다. 왜인(倭人)이 비단에 글을 써 '조선의 충신(忠臣) 황대중(黃大中)이다.'라고 하였다. 후에 정려(旌閭)를 명받았다.」라고 수록되어 있다.

그리고 《양건당문집》에서는 황대중의 족질인 황정욱(黃廷彧, 1532~1607)이 지은 것으로 〈남원순절기(南原殉節記)〉가 실려 있으나, 황정욱 문집 《지천집(芝川集)》에서는 확인할 수 없는 글이었다. 이렇게 보면, 황대중의 기록이 산출되었던 시기가 주로 1795년부터 1799년 사이임을 알 수 있다. 무엇보다도 이 시기에 이러한 기록이 정착된 이후에야 비로소 조인영(趙寅永, 1782~1850)의 순의비명(殉義碑銘), 기우만(奇宇萬, 1846~1916)의 갈명(碣銘) 등이 지어진 것으로 보인다.

〈이충무공전서〉도 정조(正祖)의 명으로 1795년에 편찬되었음을 기억한다면, 정조 시대의 분위기가 임진왜란에 대한 기억의 재생을 국가 유지에 이용한 측면이 없었는지 살펴야 할 것이다. 인조반정(仁祖反正) 이후 서인과 남인들은 집권의 정당성을 확보하는 차원에서 임진왜란 당시 그들의 의병운동을 적극적으로 평가하려고 한 측면이 있었기 때문이다.

이런 상황에서 황대중의 방계 후손들은 황대중과 관련된 글이 대부분 타인의 것인데다 시대적으로도 멀리 떨어진 인물의 것이었기 때문에 그의 아들 황정미가 찬술한 것으로서 〈임진창의격왜일기〉를 엮었던 것으로 보이는데, 이 책에서 그 출처를 세세히 밝혀놓은 것에 근거하여 살펴보자면 황정미의 사후의 문헌을 옆에 두고서 임의로 추출하여 전재한 것이 되고 말았다. 추출한 대목도 황대중의 것인 양 작위적으로 꾸민 것이 대부분이었다. 후손 누군가 황정미가 되어 그 문헌을 찬술했는지는 규명할 수 없는 처지이다. 과유불급의 정신을 지녀야 했으나, 과잉 숭조정신으로 말미암아 사료적 신빙성의 의문을 지닐 수밖에 없는 문헌이 생산된 것이 아닌가 한다.

이 책을 통해 황대중의 〈임진창의격왜일기〉가 지닌 문헌적 실상을 정확히 파악하고 또 다른 측면에서 주목해야 할 부분을 제대로 짚어보기를 바랄 뿐이다. 후대의 작위적 문헌 생산과정을 새로운 시각으로 살펴보는 것도 하나의 연구주제가 되지 않겠는가 하는 것이다. 이러한 흐름이 바람직한 것은 아니라 할지라도 엄연히 존재하는 것도 사실의 현상이기 때문에 반드시 외면할 필요까지 없지 않겠는가.

한결같이 하는 말이지만 나름대로 최선을 다하고자 했다. 그러함에도 불구하고 여전히 부족할 터이니 대방가의 질정을 청한다. 끝으로 편집을 맡아 수고해 주신 보고사 가족들의 노고와 따뜻한 마음에 심심한 고마움을 표한다.

2022년 5월 빛고을 용봉골에서

무등산을 바라보며 신해진

차례

머리말 / 3
일러두기 / 12

역주자의 단견

〈양건당 임진창의격왜일기〉의 사료적 신빙성에 대하여 ………… 15

양건당 황대중 임진창의격왜일기

1. 임진왜란 전의 교린관계, 통신사 황윤길과 전별 ……………… 31
2. 통신사 황윤길 일행의 복명, 신립과 이일의 변방 순시 …… 35
3. 임진왜란의 발발, 동래부사 송상현의 순절 ……………………… 37
4. 변방의 급보에 따른 대응, 도성의 수비 ……………………………… 38
5. 군정 해이에 따른 군사 징발의 관문 시행 ………………………… 42
6. 순창군수 김억추의 격문 도착, 창의의 주도적 인물들 ……… 44
7. 상경길에 동복에서 황진과 조우 ……………………………………… 54
8. 상경길에 순창에서 김억추, 양사형, 이대윤을 만남 ………… 55
9. 상경길에 전주에서 전라관찰사 이광 조우, 별초군 점고 … 56
10. 상경길에 여산에서 왜적을 만남 ……………………………………… 58
11. 상경길에 공주에서 왜적의 동향 전해들음 ……………………… 59

12. 경성에 들어가 이항복과 조우 61
13. 청주에서의 패전에 따른 임금의 파천 논의 62
14. 대가가 도성을 떠나 피난길에 오름 62
15. 근왕병 소집 위해 왕자 파견시 황정욱 부자와 조우 64
16. 파천길의 대가가 동파역에 도착, 난입한 호위군사 질책 68
17. 대가가 개성에 도착, 삼정승을 새로 임명 70
18. 왜적의 경성 점령 73
19. 파천길에서 개성 목청전에 두었던 종묘 신주 봉환함 76
20. 신각의 승리와 억울한 죽음, 임진강 방어선 붕괴 78
21. 함경도로 왜적 침입, 두 왕자가 사로잡힘 80
22. 이일이 충주에서 패하고 평양으로 쫓겨옴 81
23. 평조신의 서신 도착, 이덕형의 책망 82
24. 대가가 떠나고 평양성 함락 83
25. 대가가 의주에 도착, 명나라 구원병도 도착 84
26. 명나라 구원병 평양성에서 패전 85
27. 이순신 왜적 격파, 한산도에 주둔 86
28. 전주 방어전, 웅치에서의 용전 87
29. 명나라 심유경이 왜적에게 강화책 제시 88
30. 경기감사 심대의 죽음 90
31. 경상좌병사 박진이 비격진천뢰 사용 91
32. 명나라 구원병 평양성 수복 92

33. 이여송의 명나라 구원병 경성 수복 97
34. 명나라 조정이 왜적을 포위만 하게 함 99
35. 왜적이 두 왕자와 재상들 송환 101
36. 왜적 추격에 대한 장수들의 이견 분분 101
37. 왜적의 진주성 재차 공격 104
38. 제2차 진주성 혈전과 함락, 황진 전사 108
39. 제2차 진주성 혈전과 함락 시, 황대중 탈출 110
40. 통제사 이순신 관하에 도착 111
41. 이순신의 발병, 황대중 등의 조섭 112
42. 한산도에서의 승전 113
43. 거제도 전투에서 황대중의 부상 115
44. 왜장 소서행장의 반간계로 이순신 하옥 115
45. 이항복의 장계로 이순신 특별사면 118
46. 이순신을 재차 삼도수군통제사로 삼음 119
47. 전라병사 이복남과 함께 황대중이 남원에 도착 120
48. 황석산성의 싸움 121
49. 남원성의 함락 123
50. 남원성에서의 황대중 전사 127
후지(後識) 129

참고자료

발문1/ 황간(1796~1896) 137

발문2/ 황익현(?~1942) 142

찾아보기 / 145

[영인자료]

찬술선고량건당임진창의격왜일기(纂述先考兩蹇堂壬辰倡義擊倭日記) / 204

발문(跋文) / 160

일러두기

이 책은 다음과 같은 요령으로 엮었다.

01. 번역은 직역을 원칙으로 하되, 가급적 원전의 뜻을 해치지 않는 범위 내에서 호흡을 간결하게 하고, 더러는 의역을 통해 자연스럽게 풀고자 했다. 다음의 자료가 참고되었다.

- 『징비록』, 김종권 역주, 명문당, 2020.

02. 원문은 저본을 충실히 옮기는 것을 위주로 하였으나, 활자로 옮길 수 없는 古體字는 今體字로 바꾸었다.

03. 원문표기는 띄어쓰기를 하고 句讀를 달되, 그 구두에는 쉼표(,), 마침표(.), 느낌표(!), 의문표(?), 홑따옴표(' '), 겹따옴표(" "), 가운데점(·) 등을 사용했다.

04. 주석은 원문에 번호를 붙이고 하단에 각주함을 원칙으로 했다. 독자들이 사전을 찾지 않고도 읽을 수 있도록 비교적 상세한 註를 달았다.

05. 주석 작업을 하면서 많은 문헌과 자료들을 참고하였으나 지면관계상 일일이 밝히지 않음을 양해바라며, 관계된 기관과 여러분께 진심으로 감사드린다.

06. 이 책에 사용한 주요 부호는 다음과 같다.

1) ( ) : 同音同義 한자를 표기함.
2) [ ] : 異音同義, 出典, 교정 등을 표기함.
3) " " : 직접적인 대화를 나타냄.
4) ' ' : 간단한 인용이나 재인용, 또는 강조나 간접화법을 나타냄.
5) 〈 〉 : 편명, 작품명, 누락 부분의 보충 등을 나타냄.
7) 「 」 : 시, 제문, 서간, 관문, 논문명 등을 나타냄.
8) 《 》 : 문집, 작품집 등을 나타냄.
9) 『 』 : 단행본, 논문집 등을 나타냄.

07. 이 책과 관련된 안내사항은 다음과 같다.

- 소제목은 역주자가 임의로 붙인 것임..
- 원전 출처 가운데 징비록과 관련된 것은 김종권 역주의 『징비록』(명문당, 2020)에 따른 것임.

|양건당 황대중 임진창의격왜일기|

역주자의 단견

〈양건당 임진창의격왜일기〉의 사료적 신빙성에 대하여

《양건당문집(兩蹇堂文集)》 권3에 수록된 〈찬술선고양건당임진창의격왜일기(纂述先考兩蹇堂壬辰倡義擊倭日記)〉의 사료적 신빙성을 살피기로 한다.

《양건당문집》은 3권 1책의 목활자본이다. 이 문집은 발문(跋文)을 통하여 1896년에 간행되었음을 알 수 있다. 그 편제는 다음과 같다.

권두:

최익현(崔益鉉)의 서문(1894), 정의림(鄭義林)의 서문(1893)

목록

권1:

부(賦) 1편, 시(詩) 4수, 서(書) 2편, 책(策) 1편

권2(부록):

시(詩) 10수, 문(文) 5편, 기(記) 4편

양건당황공행장(兩蹇堂黃公行狀)

남원충렬사순의비명(南原忠烈祠殉義碑銘)

암행어사서계(暗行御史書啓)

비변사초기(備邊司草記)

건륭육십년오월일예조입안(乾隆六十年五月日禮曹立案)

감영관문(監營關文)

세의서증황군정미(世義序贈黃君廷美)

송족제정미서(送族弟廷美序)

제충효록후(題忠孝錄後)

양건당찬(兩蹇堂贊)

권3(부록):

찬술선고양건당임진창의격왜일기(纂述先考兩蹇堂壬辰倡義擊倭日記)

청증직상언(請贈職上言)

잡저(雜著) 5편

금릉창의록(金陵倡義錄)

남원순의록(南原殉義錄)

발(跋): 2편

9세손 황간(黃柬), 10세손 황익현(黃益炫)

위와 같은 편제의 말미에 있는 발문을 보면, 문집을 발간하게 된 내력을 밝히고 있다. 그 발문을 쓴 황간(黃柬)과 황익현(黃益炫)이 황대중(黃大中, 1551~1597)의 9세손과 10세손으로 되어 있지만, 기실 직계 후손이 아니라 방계 후손들이다. 황대중은 황희(黃喜)의 첫째아들 치신(致身) 계파로서 6남 사효(事孝) → 3남 첩(堞) → 윤정(允貞) → 2남 대중(大中)으로 이어지는 장수황씨 9세인데, 황간(1796~1896)은 황희의 둘째아들 보신(保身) 계파로서 종형(從兄) → 필(琿) → 충헌(忠獻) → 기(愭) → 성원(性元) → 진(縉) → 덕여(德輿) → 위(霨) → 윤중(允中)

→ 석(晳) → 재하(載河) → 집(鏶) → 명한(明漢) → 간(柬)으로 이어지는 장수황씨 19세이며, 황익현은 원전에 한자표기가 잘못되어 있는바 익현(益顯)인데 황희의 첫째아들 치신 계파로서 2남 사장(事長) → 섬(蟾) → 기준(起俊) → 열(悅) → 정욱(廷彧) → 철(喆) → 승국(承國) → 상윤(尙潤) → 이중(以中) → 우천(遇千) → 경복(敬福) → 일하(一河) → 봉원(鳳源) → 직(稙) → 익현(益顯)으로 이어지는 장수황씨 20세손이다. 따라서 이들은 서로 20촌 사이의 족친(族親)이다. 20촌이나 되는 방손(傍孫)들이 이전 시대의 방계 선조를 선양하려 한 숭조정신은 참으로 지극하기 그지없다.

그런데 문집의 권3 부록에 수록된 '임진창의격왜일기' 내용을 보면, 황대중의 직간접적인 체험이 아들 황정미(黃廷美)에 의해 기록된 것인지가 대단히 의문스럽다. 왜냐하면 다른 문헌으로부터 전재(轉載) 현상의 정도가 심하기 때문이다.

① 류성룡(柳成龍, 1542~1607)의 《징비록(懲毖錄)》

萬曆丙戌間, 日本國使, 橘康光, 以其國王平秀吉書來。日本國王源氏立, 立國於洪武初, 與我國修鄰好, 殆二百年。其初我國, 亦嘗遣使修慶弔禮, 申叔舟以書狀往來, 卽其一也。(중략) 遂使康廣, 來求通信, 書辭甚倨, 有今天下歸朕一握之語, 蓋源氏之亡, 已十餘年。(중략) 及還, 朝廷但報其書, 辭以水路迷昧, 不許遣使。康廣歸報, 秀吉大怒, 殺康廣, 又滅族。

〈임진창의격왜일기〉

大明洪武初, 日本王源氏立, 與我國修鄰好, 殆二百年。始申叔舟, 以書狀往來。萬曆丁亥, 橘康光以關伯平秀吉書來, 語頗不遜, 有天下歸朕一握之語。盖源氏亡, 已十年矣。朝廷報其書, 辭以水路險遠, 不許遣使。秀吉大怒, 殺康光

② 안방준(安邦俊, 1573~1654)의 〈임진기사(壬辰記事)〉

二十九日。(중략) 翌日, 上離闕, 海原因陪駕, 至東坡館。上引見曰: "卿兄弟勿離予, 死生以之." 因解佩囊賜之。先是, 數年前, 都下有京畿監司雨裝直領大月末日之謠, 樵童牧豎, 相與呼唱而行, 人莫知其意也。是日雨, 以京畿監司直領加聖體, 三十日晦, 乃大月末日也。

〈임진창의격왜일기〉

先是, 都下有京畿監司雨裝直領大月末日之謠, 而莫知其意也。是日雨, 以京畿監司, 直領加聖體, 三十晦, 乃大月末日也。

③ 조경남(趙慶男, 1570~1641)의 《난중잡록(亂中雜錄)》

二十一日[1], 賊二百餘騎, 出沒於東北山上, 二十二日辰時, 賊

---

1 이 부분의 이하는 송시열의 〈兵使 贈左贊成黃公諡狀〉에 인용되었음. 황진에게

五百餘騎登北山, 列陣耀兵, 城中按兵不動。巳時 大衆繼至, 分爲二起, 一起陣於開慶院山腰, 一起陣於鄕校前路。初一交戰, 城中射中三十餘人, 賊斂兵而退。初昏更進, 大戰良久, 至二更退, 三更更進, 五更始退。先是, 城中聞賊將至, 以爲: "城南矗石南江最爲險絶, 賊必不敢犯。惟西北可以鑿濠爲漢, 儲水其下, 只有東邊爲受賊之地." 至是, 賊鑿決其濠, 待其乾涸, 負土塡塞, 作爲大路。二十三日, 三戰三退, 其夜又四戰四退, 賊乘夜一時大呼, 聲震天地。城中亂射, 死者不記其數。二十四日, 五六千添兵而來, 陣於馬峴, 又有五六百添兵, 陣於東邊。二十五日, 賊於東門外, 塡土爲陵, 因作土屋, 俯視城中, 放丸如雨。忠淸兵使黃進, 亦於城內, 對築高陵, 自昏達夜, 進盡脫衣笠, 親自負石, 城中男女感激涕泣, 竭力助築, 一夜而畢。於是, 放玄字銃筒, 中破賊窟, 賊旋爲改造。是日, 又三進三退, 又四戰四退。二十六日, 賊作木櫃, 裹以生皮, 各自負戴以防丸矢, 來毁城子。城中以大石滾下, 射矢如雨, 賊乃退。賊又連二大木於東門外, 上設板屋, 多放火於城內草屋, 一時延爇, 烟焰漲天。牧使徐禮元, 畏慑顚倒, 以義兵副將張潤爲假牧使。時天大雨, 弓矢皆解, 兵力已困。賊以書投城中曰: "大國之兵, 亦且投降, 爾國敢爲抗拒乎?" 城中以書答之曰: "我國死而已。況天兵三十萬, 今方追擊汝等, 盡勦無遺." 賊褰臂叩之曰: "唐兵已盡退矣." 是日, 三戰三退, 其夜又四戰四退。二十七日, 築五阜於東西兩門之外, 結竹爲柵,

---

謚號를 武愍으로 추증한 것이 1675년(숙종1) 12월 16일이기 때문이다.

俯臨城中, 放丸如雨, 城中死者三百餘名。又作大櫃, 爲四輪車, 賊數十人各穿鐵甲, 擁櫃而進, 以鐵錐鑿城。時金海府使李宗仁, 膂力冠于軍中。宗仁連殪五賊, 餘皆遁走。城中之人, 束火灌油而投之, 櫃中之倭, 因皆燒死。初更, 賊更犯新北門, 宗仁與其手下, 力戰殺退。二十八日黎明, 宗仁還到所守城陴, 則其夜徐禮元, 不謹警夜, 賊潛來鑿城, 城子將頹, 宗仁大怒責之。賊進迫城下, 城中殊死力戰, 賊死者甚衆。賊酋一人中丸而死, 群賊曳屍而去。黃進俯視城下曰: “今日之戰, 賊死者甚至千餘.” 有一賊, 潛伏城下, 仰放鐵丸, 橫中木板, 挑擲而中進左額。時黃進張潤, 最稱力戰, 爲諸將首, 一城倚以爲重, 進中丸而死, 城中洶懼。二十九日, 以徐禮元, 代進爲巡城將, 禮元畏㥘, 脫笠騎馬, 涕泣而行。兵使崔慶會, 以禮元驚動軍中, 將斬而止, 以張潤代將, 未幾, 潤亦中丸而死。未時, 東門城子, 因雨頹落, 衆賊蟻付以上。宗仁與親兵, 舍其弓矢, 直用搶刀, 相對搏戰, 格殺死者, 積堆如山, 賊因以退去, 又於西北門, 高聲突進, 倡義使軍潰散, 皆聚於矗石樓。賊乃登城, 揮劍踊躍, 徐禮元先走。諸軍一時潰散, 宗仁中丸而死。左右扶起千鎰, 勸使退避, 千鎰堅坐不起, 顧曰: “我當死於此.” 遂與其子象乾, 相抱投江而死。賊屠本城, 作爲平地, 城中死者, 六萬餘人。

〈임진창의격왜일기〉

六月十四日, 公與從兄兵使進合兵, 二十一日, 與賊交戰, 至二十三日, 三戰退賊, 至夜又戰, 賊死者, 屍積如邱, 血流成瀆。翌日, 賊兵添至, 屯東門外, 積土爲山, 俯視城中, 放丸如雨, 公與兵使公, 對築高壘, 放大炮於其上, 破賊窟, 七戰七却。賊又以木櫃藏兵, 欲破我城 而又投書云: "大明兵已降, 一片孤城, 胡爲不下?" 兵使公納書於片箭末而射, 答曰: "我國死戰而已." 二十七日, 賊兵載四輪車, 藏兵木櫃, 亟推而進, 一邊以灌油束草燃火投之, 一邊以火箭燒其結柵, 死者無數, 而賊退南江外。二十八日, 賊衆又以鐵錐鑿城, 城中人殊死力戰, 而賊屍盈塹。有數賊匿於屍中, 仰見巡城, 忽然放丸發矢, 兵使公中額而死, 閔汝雲中流矢而死。翌日城陷, 義將仁帥及軍民, 墮城投水, 死者六萬有餘, 得脫者但數百人。

④ 이순신(李舜臣, 1545~1598)의 《이충무공전서(李忠武公全書)》

癸巳二月初八日, 公與李億祺相議進討之計, 發船進至釜山, 則熊川之賊, 扼釜山之路, 據險藏船, 多作巢穴。公或遣伏誘引, 或出入挑戰, 賊畏怯兵威, 不出洋中。只以輕疾船, 闖然浦口, 旋入巢穴, 但以旗幟多設於東西山麓, 登高放丸, 陽示驕橫之狀。我師不勝慷慨, 左右齊進, 砲箭交發, 勢若風雷。如是者終日, 顚仆死者, 不知其幾許矣。左別都將李渫·左突擊將李彦良, 窮逐倭三船所騎數百餘賊, 其中賊將, 着金胄紅甲, 大呼促櫓。我師以皮翎箭射賊酋, 卽仆于洋中, 餘賊, 亦皆射殺之。

八月初三日。閑山敗報至, 朝野震駭。上引見備局諸臣問之, 羣臣惶惑, 不知所對。慶林君金命元·兵曹判書李恒福從容啓曰:

“此元均之罪也。惟當起李某爲統制.” 上從之。又以公爲統制使, 將士聞之, 稍稍來集, 公卽帥軍官九人·牙兵六人, 自晉州馳至玉果, 避亂士民, 載盈道路, 望見之。壯者皆告其妻孥曰: “我公至, 汝不死, 徐徐訪來。我則先往.” 從公如此者比比, 至順天, 得精兵六十餘人, 入順天空城, 各帶兵甲而行, 及到寶城, 則一百二十人矣。

〈임진창의격왜일기〉

三月十九日, 倭船三隻, 闖然來泊於浦口, 數倭立船頭, 大喝數聲 曰: “朝鮮雖百朝鮮, 閒山雖百閒山, 其奈余何?” 李公佯㤼而退。倭酋着金胄紅甲, 促船漸近, 水使李億祺, 指揮我師, 大放炮箭, 公以柳葉箭射賊酋, 卽仆于洋中。諸軍因勝勢, 捕殺餘賊而還, 李將大喜曰: “天生大中, 射賊大中.” 屢加歎賞。嘗夜月明天寒, 李將與公强飮, 不禁愁緖, 相與吟唱。【見原集】

八月初三日, 閒山敗報至, 朝廷復以李舜臣爲統制使。將士皆稍稍來集, 李將與公及軍官九人·牙兵六人, 自晉州至順天, 收得散兵百餘, 至寶城乃二千有餘, 又向珍島, 大會舟師。

위의 인용문은 〈임진창의격왜일기〉가 다른 문헌에서 필요한 부분을 임의로 추출하여 그대로 옮겨놓은 듯한 사례들의 일부이다. 추출한 대목도 황대중의 사실이 있어서가 아니라 작위적으로 있는 양 꾸민 것이 대부분이다. 특히 《징비록》에서 전재한 부분은 〈임진창의격왜일기〉의 절반 이상이라고 해도 과언이 아니지 않을까 한다. 더군다나 이 일기는 《징비록》이 임진왜란 전 조선과 일본 교린 관계로부터 시작한 방식까지 똑같이 닮아있다. 이 책에서는 타 문헌과 서로 대조할 수 있도록 전재한 출처를 밝혀놓았는데, 《징비록》 외에도 안방준의 〈임진기사〉, 조경남의 《난중잡록》, 이순신의 《이충무공전서》가 그 전거임을 확인할 수 있을 것이다.

그렇다면 황대중의 아들 황정미(黃廷美, 1579~1625)가 찬술하면서 과연 그러한 문적들을 볼 수 있었는지 확인할 필요가 있다.

《징비록》은 류성룡이 임진왜란과 정유재란에 대해 자신의 경험과 사실을 기록한 문헌인데 1599년 2월 집필하여 1604년에 마친 것으로 알려져 있다. 필사본 징비록은 외손 조수익(趙壽益)이 경상도 관찰사로 있을 때, 류성룡의 손자가 조수익에게 요청하여 1647년에 16권 7책으로 간행하였다고 한다. 1633년 아들 류진(柳袗)이 《서애집》을 간행할 때 먼저 수록했다가 후손들의 요청으로 10년 뒤인 1642년에 의성현령(義城縣令) 엄정구(嚴鼎耉)가 다시 16권의 목판본을 간행했다고 하는 이설이 있다.[2] 결국 초간본은 1642년인지 1647년인지 차이가 있지만 거의 같은 시기에 간행되었다.

〈임진기사〉는 안방준의 《은봉전서(隱峯全書)》(원집 38권 부록 2권) 권6에 수록되어 있다. 이 전서는 초간본 《우산선생집(牛山先生集)》에 〈기묘유적(己卯遺蹟)〉, 〈혼정편록(混定編錄)〉, 〈항의신편(抗議新編)〉, 연보(年譜), 부록(附錄) 등을 보태어 보성 군수(寶城郡守) 유건

2 신태영, 「〈징비록〉의 판본과 비판정본」, 『진단학보』 133, 진단학회, 2019, 298~300면.

환(兪建煥)의 도움을 받아 1864년에 보성 대계서원(大溪書院)에서 목활자로 중간한 것이다. 이렇게 증보하고 간행하는 데에 초석이 된 《우산선생집》(10권 5책)은 안창현(安昌賢)이 송덕상(宋德相), 김종후(金鍾厚), 이기경(李基敬) 등의 교정을 거쳐 편차(編次)를 정하여 10권의 정고본(定稿本)을 만들고 1773년에 목활자로 간행한 것이다.[3] 이 과정에서 〈임진기사〉가 별본(別本)으로나마 인본(印本) 또는 등사본(謄寫本)으로 존재했었다는 기록이 없다. 따라서 1773년 이전에는 쉽게 볼 수 있지 않았다고 하겠다.

《난중잡록》은 조경남이 13세 때인 1582년 12월부터 1610년 2월까지 국내의 중요한 사실을 엮은 것으로, 내용이 대개 임진왜란과 정유재란의 기사가 주요 부분이었기 때문에 표제를 그렇게 정한 것이라 한다. 이 문헌은 1611년 1월부터 1638년 12월까지의 일기인 《속잡록(續雜錄)》과 함께 《대동야승(大東野乘)》의 권26부터 권34에 걸쳐 실리기도 하였다. 이는, 《선조수정실록》을 편찬할 때 사료로 참고하기 위해 가져가 부본(副本)을 작성해 보관하고, 1657년(효종8)에 후손들에게 원본을 돌려주었다고 하는데, 그 부본인 것으로 추론하고 있다. 《대동야승》의 편찬 시기는 대체로 숙종말에서 영정조 사이일 것으로 추측하고 있다. 한편, 자필 원본 8권은 1964년 9월 조경남의 11세손인 조태희에 의해 석판본 4권으로 간행되었다.[4] 조경남의 호를 따 산서야사(山西野史)라고도 부르며, 뒤에 덧붙여진

3 박헌순, 「은봉전서 해제」, 한국고전번역원, 1999.

4 국립중앙도서관에서 DB 영인자료(청구기호: 古2154-1-48)를 제공함.

속잡록을 합쳐서 대방일기(帶方日記)라고도 부른다.

《이충무공전서》는 정조(正祖)의 명을 받아 원임(原任) 직각(直閣) 윤행임(尹行恁)이 이순신의 시문과 관계 기록을 수집, 편차하고 검서관(檢書官) 유득공(柳得恭)이 인쇄를 감독하여 예문관(藝文館)에서 1795년 활자(活字)로 초간본 14권 8책을 인행한 것이다. 책머리에 정조의 윤음(綸音)을 비롯하여 교유(敎諭)·사제문(賜祭文)·도설(圖說)·세보(世譜)·연표(年表)를 싣고, 권1에 시(詩)·잡저(雜著), 권2~4에 장계(狀啓), 권5~8에 난중일기(亂中日記), 권9~14에 부록(附錄)을 수록하였다.

17세기 전란의 실기 문헌은 원래 직접적인 경험의 기록이거나 훗날 그 경험에 대한 기억의 재현이라 하겠다. 〈임진창의격왜일기〉는 일기라기보다는 사건 중심의 녹(錄) 형태를 취한 것인데, 그렇더라도 아들이 아버지의 직간접적인 경험에 대한 기억의 재현이라면 그 아들만의 문체로 그 아버지만의 경험이 재현되어야 했었다. 그런데 앞서 보았듯 다른 문헌에서 추출하여 전재했을 뿐만 아니라, 그 다른 문헌도 황대중의 아들인 황정미 사후의 문헌이라서 더욱 문제적이다. 특히, 같은 날 같은 시간에 일어난 일을 동시에 보고 들은 사람들이라도 그 일을 글로 표현하도록 한다면, 분명 그 글은 거의 서로 다른 어휘와 방식으로 구사되어 일치하는 부분이 아주 제한적일 것이 분명하기 때문이다. 따라서 〈임진창의격왜일기〉는 황정미가 찬술했다고 하나 그것조차 신뢰할 수 없는 상황인바, 역사적 사실을 고증하는 사료적 신빙성에 있어서는 현저히 떨어지는 문헌이라 하겠다. 연구자들은 이 점에 각별히 유념하고 타 문헌과 교차검

증을 철저히 할 필요가 있다.

한편, 후손의 입장에서 〈임진창의격왜일기〉를 보자면 방계 선조를 선양하려는 방편으로 후대에 생산한 문헌이기도 하다. 그렇다고 해서 '가짜다, 베꼈다'라고 낙인을 찍어놓고 외면만 할 것은 아닐 것이다. 사료적 가치로만 볼 것이 아니라는 것이다. 시대적 분위기가 임진왜란에 대한 기억의 재생을 국가 유지에 이용한 측면이 없었는지 살펴야 할 것이다. 인조반정 이후 서인과 남인들은 집권의 정당성을 확보하는 차원에서 임진왜란 당시 그들의 의병운동을 적극적으로 평가하려고 한 측면이 있었기 때문이다. 또한 서인과 남인이 서로 집권했을 때 그들의 집단적 기억 재생, 기억의 사회화 현상이 있었으니, 어떤 부분에 주목하여 그 생산하는 과정에서 어떤 방식으로 영향을 받았는지 정밀히 살펴보아야 할 것이다. 결국 1795년 정만석에 의해 정유재란 당시 남원에서 순절한 황대중의 정려가 내려졌고, 그에 걸맞은 기록의 정리가 후손들에게 생겼을 것으로 추측된다.

1799년 고정헌(高廷憲)이 편찬한, 조선 후기 창의 활동을 한 호남 사림들의 사적을 수록한 의병록 《호남절의록(湖南節義錄)》을 보면, 황대중 편목에 「자(字)는 정숙(正叔). 본관은 장수(長水). 천성이 매우 효성스러웠으며 어머니의 병환에 허벅지의 살을 베어 먹이니 병이 나았다. 사람들이 말하기를, "효건(孝蹇: 효자 절뚝발이)이다."라고 했다. 천거되어 참봉(參奉) 벼슬을 받았다. 임진란 때 장사(壯士)의 선발에 뽑혔다. 여산(礪山)에 이르러 적을 만나 1명을 목 베고, 마침내 서울에 들어가 호가(扈駕)하였다. 이 제독(李提督: 이여송)이

공을 뽑아 선도(先導)로 삼았다. 병사(兵使) 황진(黃進)을 만나 진주(晉州)에 들어갔는데 성이 함락될 때 신마(神馬)를 타고 탈출하여 통제사(統制使) 이순신(李舜臣) 진에 나아갔다. 한산(閑山) 전투에서 오른쪽 다리에 탄환을 맞아 절뚝거리니 이공(李公)이 탄식하며 말하기를, "옛날 효건(孝蹇)이 지금 충건(忠蹇: 충신 절뚝발이)이다."라고 하였다. 정유란(1597) 때 병사(兵使) 이복남(李福男)과 함께 병사들을 합하여 여러 싸움터를 옮겨 다니다 남원(南原)에 이르러 성이 함락됨에 탄환에 맞아 죽었다. 왜인(倭人)이 비단에 글을 써 '조선의 충신(忠臣) 황대중(黃大中)이다.'라고 하였다. 후에 정려(旌閭)를 명받았다.」[5]라고 되어 있다.

이런 정도의 이야기가 당시 황대중의 후손 집안에 전해왔을 것으로 짐작된다. 따라서 그 이야기가 신빙성을 지니도록 할 필요성이 있었던데다 당시 집권 세력들의 이해관계와도 부합되도록 하는 그 무엇이 진행될 여지가 있었으리라 추측함은 무리가 아닐 것이다. 그 생산과정에서 비롯된 다양한 측면을 정밀히 추적했을 때 망외의 연구주제를 만날 수 있지 않을까 한다.

이런 측면에서 19세기~20세기에 대량 생산된 문집은 문헌에 대한 교감을 엄밀히 할 필요가 있다. 1책으로 구성된 문집의 경우 해당 인물에 대한 자료가 많지 않은 관계로 여기저기서 끌어온 것이 많을 수 있기 때문이다. 특히 이러한 문집들은 선조의 현창 사업과 밀접하게 연관된 관계로 자료의 신빙성 여부에서 한 걸음 물러난

5 김동수 교감 역주, 『호남절의록』, 경인문화사, 2010, 290면.

채로 관련된 자료라면 제대로 살피지 않고서 집성하고 축적한 성격이 강하다. 따라서 이 시기에 생산된 문헌은 자료에 대한 면밀한 검토가 우선되며, 이에 바탕한 연구가 이어질 필요가 있다.

|번역과 원문|

양건당 황대중 임진창의격왜일기

兩蹇堂 黃大中 壬辰倡義擊倭日記

선친 양건당 임진창의격왜일기 찬술
(纂述先考兩蹇堂壬辰倡義擊倭日記)

1. 임진왜란 전의 교린관계, 통신사 황윤길과 전별[1]

명나라 홍무(洪武: 1368~1398) 초에 일본왕 원씨(源氏)가 나라를 세우고 우리나라와 선린 우호 관계를 맺은 지가 거의 200년이 되었다. 시초에는 신숙주(申叔舟)가 서장관(書狀官)으로 왕래하였다.

만력(萬曆) 정해년(1587) 귤강광(橘康光: 다치비나 야스히로, 橘康廣)이 관백(關伯: 關白) 평수길(平秀吉: 豐臣秀吉, 도요토미 히데요시)의 서신을 가지고 왔는데, 서신의 내용이 자못 불손하여 '천하가 짐(朕)의 손아귀에 귀의하였다.'라는 말이 있었다. 대체로 원씨(源氏)가 망한 지 이미 10년이 되었다. 조정에서 그것의 서계(書契)만 보내고 바닷길이 험한데다 멀다며 거절하고는 사신 보내는 것을 허락하지 않았다. 평수길이 몹시 노하여 귤강광을 죽이고 또 평의지(平義智: 宗義智, 소 요시토시)·평조신(平調信: 柳川調信, 다이라 시게노부)·현소(玄蘇: 景轍玄蘇, 게이테츠 겐소)를 보내니, 동평관(東平館)에 이르러 오랫동안 머물러 있으면서 통신사(通信使) 보내주기를 청하였다. 조정의 의논이 비로소 정해지자, 임금이 사신으로 보낼 만한 사람을 선택하라고 명하니, 대신(大臣)이 황윤길(黃允吉, 협주: 공(公)의 9촌 아저

---

1 소제목은 역주자가 내용과 부합하도록 임의로 붙인 것임.

씨)을 상사(上使)로 삼고 김성일(金誠一)을 부사(副使)로 삼고 허성(許筬)을 서장관으로 삼았다. 경인년(1590) 3월 평의지 등과 함께 일본으로 떠났다.

그리하여 공(公)이 황 상사(黃上使: 황윤길)를 전별하면서 부친 시의 두 구는 이러하다.

갈 때는 바닷길 멀다고 싫어하지 말며　　去日莫嫌滄海遠
올 때는 반드시 나라의 시름 살피소서　　來時必覘國家憂

大明洪武[2]初, 日本王源氏[3]立, 與我國修鄰好, 殆二百年。始申叔舟[4], 以書狀往來。萬曆[5]丁亥, 橘康光[6]以關伯[7]平秀吉[8]書來, 語

---

2 洪武(홍무): 명나라 초대 황제인 太祖 洪武帝 朱元璋의 연호(1368~1398).

3 源氏(원씨): 당나라 僖宗 乾符 3년인 876년에 일본의 淸和天皇이 皇子 貞純에게 하사한 姓氏로, 室町幕府의 마지막 장군 足利義昭를 가리킴. 織田信長이라고도 한다.

4 申叔舟(신숙주, 1417~1475): 본관은 高靈, 자는 泛翁, 호는 保閑齋. 세종 때 成三問과 함께 훈민정음 창제에 혁혁한 공을 세웠고, 세조의 각별한 지우를 얻어 병조판서로서 예조의 외교업무와 야인 소굴 소탕 등을 수행했으며, 성종 재위기에는《동국통감》편찬,《국조오례의》완성, 역서 편찬,《해동제국기》저술 등의 업적을 남겼다. 특히 외교·국방 면에서 탁월한 능력을 보여 사대교린의 외교문서는 거의 그의 윤색을 거친 것으로 알려져 있다.

5 萬曆(만력): 명나라 제13대 황제 神宗 朱翊鈞의 연호(1573~1620).

6 橘康光(귤강광): 橘康廣으로도 표기. 다치바나 야스히로. 일본 桃山時代의 문신. 豊臣秀吉의 명으로 日本國王使가 되어 1587년 조선으로 와서 일본 국내사정의 변화를 설명하고 통신사의 파견을 요청하였다. 조선이 거부하자 그는 귀국하여 거짓 보고하였는데, 그것이 탄로 나서 가족까지 멸해졌다.

7 關伯(관백): 關白. 일본에서 왕을 내세워 실질적인 정권을 잡았던 막부의 우두

頗不遜, 有天下歸朕一握之語。蓋源氏亡, 已十年矣。朝廷報其書, 辭以水路險遠, 不許遣使。秀吉大怒, 殺康光, 又遣平義智[9]·平調信[10]·玄蘇[11], 至東平館[12]久留, 請通信。朝議始定, 命擇可

머리.

8 平秀吉(평수길): 豐臣秀吉(도요토미 히데요시, 1536~1598). 일본 전국시대 최후의 최고 권력자. 밑바닥에서 시작해서 오다 노부나가에게 중용되어 그의 사후 전국시대의 일본을 통일시키고 關白과 天下人의 지위에 올랐다. 전국시대를 평정한 그는 조선을 침공해 임진왜란을 일으켰으나 실패하였다.

9 平義智(평의지): 소 요시토시. 일본 쓰시마 섬(對馬島) 島主. 1579년 형 소 요시준(宗義純)으로부터 도주 자리를 물려받았다. 그는 5,000명을 동원하여 고니시 유키나가(小西行長)의 1번대에 배속되어 선봉으로 쳐들어왔다. 전투뿐만 아니라 유키나가와 함께 일본측의 외교를 맡아서 강화를 모색하기도 하였다. 유키나가의 사위로서 풍신수길의 심복이었다.

10 平調信(평조신): 다이라 시게노부. 柳川調信. 對馬島主 宗義智의 家臣. 豐臣秀吉 때부터 德川幕府 초까지 아들 柳川智永·· 손자 柳川調興 3대가 조선과 일본의 강화회담 및 외교 사무를 담당하였다.

11 玄蘇(현소, 1537~1611): 景轍玄蘇. 게이테츠 겐소. 1592년 임진왜란 당시 고니시 유키나가(小西行長) 밑에서 종군했던 겐소(玄蘇)로 잘 알려져 있다. 임진왜란이 일어나자 소 요시토시와 함께 고니시 유키나가의 휘하에서 참모로 종군했다. 고니시가 평양성 앞까지 진격한 후 상황이 안 좋아져 진군을 멈추자 6월 9일에 조선에 강화를 요청했고, 이에 조선 조정에서 李德馨을 파견해 겐소는 다이라 히라노부와 함께 회담했지만 조선측이 명나라를 침범할 수 있도록 한다는 제안을 거절하자 협상은 결렬되었다. 1593년에 이여송이 이끄는 명나라군이 平壤城을 탈환하자 밤 중에 고니시 유키나가, 소 요시토시, 다이라 히라노부와 함께 얼음을 타고 대동강을 건너 철수했으며 이후에도 고니시 밑에서 명나라와의 강화 협상에 대해 논의하거나 통역하는 역할을 했다. 1595년에는 아예 명나라에 건너가 교섭을 했으며 1596년에 만력제에게서 本光國師라는 호를 받았다. 임진왜란이 끝나고 에도 막부가 들어선 이래 일본에선 조선과 화해를 지속적으로 시도했고, 1609년에 겐소가 조선에 사신으로 파견되어 조선과 교역할 수 있도록 하는 己酉約條를 받아냈다.

12 東平館(동평관): 조선시대에 일본 사신이 와서 머물던 객관. 지금의 서울특별시

使者，大臣以黃允吉[13]【公之九寸叔】爲上使，金誠一[14]爲副使，許筬[15]爲書狀官。庚寅三月，與義智等同發。於是，公餞別黃上使，

종로구 인사동에 있었다. 처음에는 일본에 대한 회유 정책에 따라 수많은 倭客이 왕래하였기 때문에, 동평관과 서평관 두 개의 관사를 두었으나 1434년 倭使의 왕래를 억제하면서 서평관을 폐지하고 동평관만 남겨 두었다.

13 黃允吉(황윤길, 1536~?): 본관은 長水, 자는 吉哉, 호는 友松堂. 黃喜의 4세손이다. 1558년 사마시에 합격하여 진사가 되고, 1561년 진사로서 식년문과에 급제하였다. 여러 벼슬을 거쳐 1583년 황주목사를 지내고, 이어 병조참판을 지냈다. 1590년 通信正使로 선임되어 부사 金誠一, 書狀官 許筬과 함께 수행원 등 200여명을 거느리고 대마도를 거쳐 오사카로 가서 일본의 關伯 豊臣秀吉 등을 만나보고 이듬해 봄에 환국하여, 국정을 자세히 보고하였다. 서인에 속한 그가 일본의 내침을 예측하고 대비책을 강구하였으나, 동인에 속한 김성일이 도요토미의 인물됨이 보잘것없고 군사준비가 있음을 보지 못하였다고 엇갈린 주장을 하여 일본 방비책에 통일을 가져오지 못하였다.

황윤길은 黃喜의 첫째아들 致身 계파로서 9남 事敬 → 4남 黴 → 3남 允吉로 이어지는 장수황씨 8세손인데, 황대중 또한 치신 계파로서 6남 事孝 → 3남 堞 → 允貞 → 大中(英)으로 이어지는 장수황씨 9세손이니, 서로 9촌 숙질간이다.

14 金誠一(김성일, 1538~1593): 본관은 義城, 자는 士純, 호는 鶴峯. 金克一의 셋째 동생이다. 1564년 사마시에 합격했으며, 1568년 증광문과에 급제하였다. 1577년 사은사의 서장관으로 명나라에 가서 宗系辨誣를 위해 노력했다. 그 뒤 나주 목사로 있을 때는 大谷書院을 세워 김굉필·조광조·이황 등을 제향했다. 1590년 通信副使가 되어 正使 黃允吉과 함께 일본에 건너가 실정을 살피고 이듬해 돌아왔다. 이때 서인 황윤길은 일본의 침략을 경고했으나, 동인인 그는 일본의 침략 우려가 없다고 보고하여 당시의 동인 정권은 그의 견해를 채택했다. 임진왜란이 일어나자, 잘못 보고한 책임으로 처벌이 논의되었으나 동인인 柳成龍의 변호로 경상우도 招諭使에 임명되었다. 1593년 경상우도 관찰사 겸 순찰사를 역임하다 晉州에서 병으로 죽었다.

15 許筬(허성, 1548~1612): 본관은 陽川, 자는 功彦, 호는 岳麓·山前. 許篈·許筠의 형이고, 許蘭雪軒의 오빠이다. 1583년 별시 문과에 급제하였다. 1590년 典籍으로서 通信使의 從事官이 되어 일본에 다녀왔다. 이어 정언·헌납·이조좌랑·응교·사인·집의를 거쳐, 1594년 이조참의로 승진되었으며, 이듬해 대사성·대사간·부제학을 역임하였다. 이어 이조참판을 지내고 전라도 안찰사로 나갔다

寄詩一聯曰:“去日莫嫌滄海遠, 來時必䏻國家憂.”

『징비록』 I-1, 2[16]

2. 통신사 황윤길 일행의 복명, 신립과 이일의 변방 순시

신묘년(1591) 봄에 상사와 부사가 일본에서 돌아와 복명(復命: 결과의 보고)할 때, 상사 황윤길은 임금의 앞에서 왜(倭)가 반드시 바다를 건너올 것이니 각기 해당하는 도에 미리 전쟁의 무기들을 정비하도록 청하였으나, 부사 김성일만은 왜의 정세에서 우려할 만한 것이 없었다고 아뢰었다. 조정이 김성일의 말을 믿고 전쟁에 대한 방비를 모두 중단하였다. 군관(軍官) 황진(黃進, 협주: 공(公)의 재종형)이 분개해 마지않으면서 공(公)에게 남몰래 편지를 보내어 말하기를, “왜구들이 장차 전쟁을 일으킬 것인데도 현재 우리는 올바로 판단할 능력이 없으니, 무기와 의장(儀仗)을 연마하며 쓰일 때를 기다려 보자.”라고 하였다.

임진년(1592) 봄에 조정에서 신립(申砬)·이일(李鎰)을 보내어 변방의 방비를 순시하도록 하였으니, 이일은 충청도(忠淸道)·전라도(全羅道)로 가고, 신립은 경기도(京畿道)·평안도(平安道)·황해도(黃海道)로 가서 모두 검열하고 한 달이 지난 뒤에 돌아왔다.

가 예조와 병조의 판서에 제수되었으며, 그 뒤 이조판서에까지 이르렀다. 1607년 宣祖의 遺敎를 받게 되어 세인들이 顧命七臣이라 칭하게 되었다.

16 《징비록》과 관련된 출처를 밝히는데 있어서 권수와 분장 표시는 『징비록』(김종권 역주, 명문당, 2020)에 따름.

辛卯春, 上副使, 回自日本復命[17], 上使黃允吉, 筵奏[18]倭必渡海, 請令各該道, 預整戰具, 獨副使金誠一, 則奏以倭情無可憂。朝廷信之, 悉罷戎備。軍官黃進[19]【公之再從兄】, 憤惋不已, 密書於公, 曰: "倭虜將發, 現在吾目暗[20], 錬器仗以待有用之日."云。壬辰春, 朝廷遣申砬[21]·李鎰[22], 巡視邊備, 鎰往忠淸·全羅道, 申砬

---

17 復命(복명): 명령받은 일에 대하여 그 처리 결과를 보고함.

18 筵奏(연주): 임금의 면전에서 사연을 아룀.

19 黃進(황진, 1550~1593): 본관은 長水, 자는 明甫, 호는 蛾述堂. 1576년 무과에 급제, 선전관을 거쳐 1591년 조선통신사 黃允吉을 따라 일본에 다녀와 미구에 일본이 來侵할 것을 예언하였다. 1592년 임진왜란이 일어나자 同福 현감으로 勤王兵을 이끌고 북상하여 龍仁에서 패전하고 이어 鎭安에서 왜적의 선봉장을 사살한 뒤 적군을 安德院에서 격퇴하고, 훈련원 判官이 되어 梨峙전투에서 적을 무찔렀다. 그 공으로 益山 군수 겸 충청도 助防將에 오르고, 절도사 宣居怡를 따라 水原에서 싸웠다. 이듬해 충청도 병마절도사에 승진하여 패퇴하는 적을 추격, 尙州에 이르는 동안 連勝을 거두고, 적의 대군이 晉州城을 공략하자 倡義使 金千鎰, 절도사 崔慶會와 함께 성중에 들어가 9일 동안 혈전 끝에 전사하였다.
황진은 黃喜의 첫째아들 致身 계파로서 6남 事孝 → 2남 塏 → 允恭 → 進으로 이어지는 장수황씨 9세손인데, 황대중 또한 치신 계파로서 6남 事孝 → 3남 堞 → 允貞 → 大中(英)으로 이어지는 장수황씨 9세손이니, 서로 6촌 재종형제간이다.

20 目暗(목암): 매사를 올바로 판단할 능력이 없음.

21 申砬(신립, 1546~1592): 본관은 平山, 자는 立之. 1567년 무과에 급제하여 1583년 북변에 침입해온 尼湯介를 격퇴하고 두만강을 건너가 野人의 소굴을 소탕하고 개선, 함경북도 병마절도사에 올랐다. 임진왜란 때 三道都巡邊使로 임명되어 忠州 㺚川江 彈琴臺에서 背水之陣을 치며 왜군과 분투하다 패배하여 부하 金汝岉과 함께 강물에 투신 자결했다.

22 李鎰(이일, 1538~1601): 본관은 龍仁, 자는 重卿. 1558년 무과에 급제하여, 전라도 수군절도사로 있다가, 1583년 尼湯介가 慶源과 鐘城에 침입하자 慶源府使가 되어 이를 격퇴하였다. 임진왜란 때 巡邊使로 尙州에서 왜군과 싸우다가

往京畿道·平安·黃海道, 皆閱月而還。

『징비록』 I-3, 7

3. 임진왜란의 발발, 동래부사 송상현의 순절

4월 3일에 왜적들이 부산포(釜山浦)에 이르렀고, 13일에 첨사(僉使) 정발(鄭潑: 鄭撥의 오기)이 전사하였다.

또 대거 쳐들어와서 동래 부사(東萊府使) 송상현(宋象賢)이 남문(南門)에 올라 싸움을 독려하였으나 반나절 만에 성이 함락되었다. 송상현은 이윽고 객관(客館)에 나아가 그의 아버지에게 글을 올리고는 눈을 부릅뜨고 수염이 쭈뼛거리며 북쪽을 향하여 네 번 절하고 우뚝하게 단정히 앉아서 적의 칼날을 받아 죽었다. 왜적들은 그가 죽음으로 성을 지킨 것을 가상히 여겨 그의 시체를 관(棺)에 넣어서 동문(東門) 밖에 묻고 표식해주었으니 곧 4월 14일이었다. 이로 말미암아 군현(郡縣)들이 모두 풍문만 듣고도 달아나 무너졌다.

四月初三日, 倭賊至釜山浦, 十三日, 僉使鄭潑[23]死之。又大擧

크게 패배하고 충주로 후퇴하였다. 충주에서 도순변사 申砬의 진영에 들어가 재차 왜적과 싸웠으나 패하고 황해도로 도망하였다. 그 후 임진강·평양 등을 방어하고 東邊防禦使가 되었다. 이듬해 평안도 병마절도사 때 명나라 원병과 평양을 수복하였다. 서울 탈환 후 訓鍊都監이 설치되자 左知事로 군대를 훈련했고, 후에 함경북도 순변사와 충청도·전라도·경상도 등 3도 순변사를 거쳐 武勇大將을 지냈다. 1600년 함경남도병마절도사가 되었다가 병으로 사직하고, 1601년 부하를 죽였다는 살인죄의 혐의를 받고 붙잡혀 호송되다가 定平에서 병사했다.

23 鄭潑(정발): 鄭撥(1553~1592)의 오기. 본관은 慶州, 자는 子固, 호는 白雲.

入寇, 東萊府使宋象賢[24], 登南門督戰, 半日城陷。象賢因詣客館, 致書于其父[25], 張目掀髥, 北向四拜, 屹然端坐, 受刃而死。倭人嘉其死守, 棺斂尸, 埋於東門外, 以標識之, 卽四月十四日也。由是郡縣, 皆望風奔潰。

『징비록』 I-8, 9

4. 변방의 급보에 따른 대응, 도성의 수비

17일에 박홍(朴泓)의 장계가 이르러서 이일(李鎰)을 순변사(巡邊使)로 삼아 중로(中路)로 내려보내고, 성응길(成應吉)을 좌방어사(左

1579년 무과에 급제, 선전관이 되고, 곧바로 해남 현감·거제현령이 되었다. 이어 비변사의 낭관이 되었으며, 위원 군수·훈련원 부정이 되었다. 1592년 折衝將軍의 품계에 올라 부산진 첨절제사가 되어 방비에 힘썼다. 이해 4월에 임진왜란이 일어나 부산에 상륙한 왜병을 맞아 분전하였으나 중과부적으로 마침내 성이 함락되고 그도 전사하였다. 이때 첩 愛香은 자결하였고, 노비 龍月도 전사하였다.

24 宋象賢(송상현, 1551~1592): 본관은 礪山, 자는 德求, 호는 泉谷·寒泉. 1570년 진사에, 1576년 別試文科에 급제하여 鏡城判官 등을 지냈다. 1584년 宗系辨誣使의 質正官으로 명나라에 다녀왔다. 귀국 뒤 호조·예조·공조의 正郎 등을 거쳐 東萊府使가 되었다. 임진왜란이 일어나 왜적이 동래성에 쳐들어와 항전했으나 함락되게 되자 朝服을 갈아입고 단정히 앉은 채 적병에게 살해되었다. 충절에 탄복한 敵將은 詩를 지어 제사 지내 주었다.

25 其父(기부): 宋福興(1527~1594)을 가리킴. 본관은 礪山, 자는 武先, 호는 鵠峰. 일찍이 양친을 여의고 할머니 슬하에서 자랐다. 1552년 사마시에 합격하였으나 문과에는 번번이 낙방하였다. 만년에 平陵道察訪에 제수되고 이어 宗簿寺主簿를 지냈다. 이후 외직으로 나가 陽智·龍安·平康 등의 현감을 지냈다. 다시 내직으로 들어와 사헌부감찰 등을 역임하다가 1590년 송화현감으로 있을 때 증광문과에 급제하였다. 그러나 얼마 후 사직하고 고향으로 돌아갔다.

防禦使)로 삼아 좌도(左道)로 내려보내고, 조경(趙儆)을 우방어사(右防禦使)로 삼아 서로(西路)로 내려보내고, 유극량(劉克良)을 조방장(助防將)으로 삼아 죽령(竹嶺)을 지키게 하고, 변기(邊璣)를 조방장으로 삼아 조령(鳥嶺)을 지키게 하고, 강계 부사(江界府使) 변응성(邊應星)을 경주부윤(慶州府尹)으로 삼았는데, 이일은 상주(尙州)를 지켰고 신립은 충주(忠州)에 있었다.

이양원(李陽元)을 수성장(守城將)으로 삼고, 이전(李戩)·변언수(邊彦琇)를 각기 경기도(京畿道)의 좌위장(左衛將)·우위장(右衛將)으로 삼고, 박충간(朴忠侃)을 경기 순찰사(京畿巡察使)로 삼아 도성을 지키게 하고, 김명원(金命元)을 도원수(都元帥)로 삼아 한강(漢江)을 지키게 하였다.

十七日, 朴泓[26]狀啓至, 以李鎰爲巡邊使下中路, 成應吉[27]爲左

26 朴泓(박홍, 1534~1593): 본관은 蔚山, 자는 淸源. 1556년 무과에 급제하여 宣傳官·江界府判官·鍾城府使 등을 거쳐 1592년 임진왜란 때 경상좌도 水軍節度使로서, 左水營(동래)에서 적과 싸웠으나 중과부적으로 패하였다. 평양으로 피난 간 선조를 찾아가던 중에 도원수 金命元을 만나 左衛大將에 임명되어, 임진강을 방어하나 다시 패하였다. 成川에서 우위대장·義勇都大將이 되었다가, 이듬해 전사하였다.

27 成應吉(성응길, 생몰년 미상): 본관은 昌寧, 자는 德一. 成渾의 재종당질이다. 무과에 급제한 뒤 여러 관직을 거쳐 1563년 사복시판관이 되었는데 私奴를 馬賊으로 잘못 알고 살해하여 파직당하였다. 그 뒤 복직되어 1587년에 順川府使, 1589년에 전라병사를 역임하였다. 1592년에 임진왜란이 일어나자 左防禦使로 임명되어 경상도로 가던 중 조방장 朴宗男과 함께 義興에서 왜적을 만나 죽령을 거쳐 의주 行在所로 향하였다. 전란중 방어사 沈喜壽의 종사관으로 활약하고 遼東에 들어가 원병을 요청하는 한편 명나라 장수 접대 등에 공로가 많다 하여 扈聖功臣에 거론되었으나 책록되지 못하였다.

防禦使下左道, 趙儆[28]爲右防禦使下西路, 劉克良[29]爲助防將守竹嶺[30], 邊璣[31]爲助防將守島嶺[32], 以江界府使邊應星[33]慶州府尹, 李

---

28 趙儆(조경, 1541~1609): 본관은 豊壤, 자는 士惕. 무과에 급제하여, 선전관·제주목사를 거쳐, 1591년 강계부사로 있을 때 그곳에 유배되어 온 鄭澈을 우대하였다는 이유로 파직되었다. 이듬해 임진왜란이 일어나자 경상우도방어사가 되어 황간·추풍 등지에서 싸웠으나 패배, 이어 金山에서 왜적을 물리치다 부상을 입었다. 그해 겨울 수원부사로 적에게 포위된 禿山城의 權慄을 응원, 이듬해 도원수 권율과 함께 행주산성에서 대첩을 거두었다. 행주산성에서의 승리로 한양을 탈환할 수 있었고, 都城西都捕盜大將으로 임명되었고, 1594년 훈련대장이 되었다. 그 뒤 동지중추부사·함경북도병사·훈련원도정·한성부판윤을 거쳐 1599년 충청병사·회령부사를 지냈으며, 1604년 宣武功臣 3등에 책봉되고 豊壤君에 봉하여졌다.

29 劉克良(유극량, ?~1592): 본관은 延安, 자는 仲武. 당시의 신분 제도에서는 과거에 응시할 수 없는 노비 출신이었으나, 洪暹의 깊은 배려로 노비 신분을 면제받았다. 여러 무관직을 거친 뒤 1591년 전라좌수사가 되었다. 1592년 임진왜란이 일어나자 申砬의 助防將이 되어 전임하였다. 竹嶺을 방어하다가 패배하자, 군사를 영솔해 방어사 申硈의 밑에 들어가 그 부장이 되었다. 대장 신할과, 마침 1,000명의 군졸을 이끌고 그 곳에 달려온 도순찰사 韓應寅 등과 함께 임진강을 방어하다가 전사하였다.

30 竹嶺(죽령): 경상북도 영주시 풍기읍과 충청북도 단양군 대강면 사이에 있는 고개.

31 邊璣(변기, 생몰년 미상): 본관은 原州. 아버지는 邊士倫이고, 아들은 邊彦城이다. 강진 현감을 지냈다.

32 鳥嶺(조령): 경상북도 문경시 문경읍과 충청북도 괴산군 연풍면 사이에 있는 고개.

33 邊應星(변응성, 1552~1616): 본관은 原州, 자는 機仲. 1579년 무과에 급제하였고, 강계 부사를 역임한 끝에 아버지의 상을 당하여 물러가 있었으나, 1592년 임진왜란이 일어나자 慶州府尹에 임명되었다. 그러나 일본군이 먼저 경주를 점령하여 부임하지 못하고, 8월 가평 전투에서 적과 싸워보지도 않고 도망쳤다는 이유로 백의종군하였다. 이듬해 2월 柳成龍이 그의 죄를 변호하여 경기방어사가 되었다. 利川府使가 되어서는 여주목사 元豪와 협력하여 남한강에서 적을 무찔렀다. 1594년 광주·이천·양주의 산간에 출몰하는 土賊을 토벌하였으며, 한강 상류 龍津에 승군을 동원하여 木柵을 구축하여 병졸을 훈련하였다. 1596년 李夢鶴의 난이 일어났을 때는 용진과 여주 婆娑城을 수비하였다. 광해군 때

鎰守尙州[34], 申砬在忠州[35]。以李陽元[36]爲守城將, 李戩[37]·邊彦琇[38]爲京畿左右衛將, 朴忠侃[39]爲京畿巡察使, 使守都城。金命

에 훈련대장과 판윤에까지 승진하였다.

34 尙州(상주): 경상북도 서쪽 끝에 위치하여 충청북도 접경을 이루고 있는 고을. 동쪽은 예천군·의성군, 서쪽은 충청북도 옥천군·보은군·영동군, 남쪽은 구미시·김천시, 북쪽은 문경시와 접한다.

35 忠州(충주): 충청북도 북부에 위치한 고을. 동쪽은 제천시, 서쪽은 음성군, 남쪽은 괴산군, 북쪽은 강원도 원주시·경기도 여주시와 접한다.

36 李陽元(이양원, 1526~1592): 본관은 全州, 자는 伯春, 호는 鷺渚. 1592년 임진왜란이 일어나자 留都大將으로 수도의 수비를 맡았으나 한강 방어의 실패로 楊州로 철수, 分軍의 부원수 申恪과 함경도병마절도사 李渾의 군사와 합세해 蟹踰嶺에 주둔, 일본군과 싸워 승리한 뒤 영의정에 올랐다. 이때 의주에 피난해 있던 선조가 遼東으로 건너가 內附(딴 나라에 들어가 붙음)한다는 소식을 전해 듣고, 탄식하며 8일간 단식하다가 피를 토하고 죽었다 한다.

37 李戩(이전, 1517~?): 본관은 羽溪, 자는 彦祐·彦漸, 초명은 彦晳. 李戡의 동생, 李福男의 조부. 1587년 경기도수군절도사로 있을 때 도성을 나서자마자 바로 교자에 올라탔다는 이유로 사헌부의 탄핵을 받고 파직되었다. 이후 포도대장, 군기시제조, 비변사당상 등을 역임하였다. 1592년 4월 임진왜란 발발 직후 수성좌위장을 맡아 성곽을 수축했으며, 임금에게 전략 12조를 헌책하였다. 4월 말 어가의 파천이 정해지자, 피난가는 선조의 어거를 의주까지 호종한 공로로 知中樞府事로 승진하였다.

38 邊彦琇(변언수, 1544~1592): 본관은 原州, 자는 君獻. 1592년 유도대장에 제수되어 都元帥 金命元과 副元帥 申恪을 도와 한강을 지키는 임무를 맡았다. 임진왜란이 발발하여 왕실이 긴박한 상황에 처했을 때 먼 남쪽에 있던 崔遠이 1만 군사를 거느리고 임금을 보필하기 위해 달려온 데에 반해, 가까운 곳에 있던 邊彦琇는 더 이상 적들과 맞서는 것은 헛수고에 불과하다며 구원 명령에 응하지 않다가 군율을 어기고 군사들마저 잃어버린 죄로 白衣從軍을 명받게 되었다. 그러나 후에 오랑캐에게 망명하고자 겨울에 얼음 언 강을 몰래 건너 새벽녘에 楸島를 엄습한 사실이 드러나 벌을 받아 죽었다.

39 朴忠侃(박충간, ?~1601): 본관은 尙州, 자는 叔精. 음보로 관직에 올라 1584년 호조정랑이 되었다. 1589년 재령군수로 재직 중 韓準·李軸 등과 함께 鄭汝立의

元[40]爲都元帥, 守漢江。

『징비록』 I-10, 14

5. 군정 해이에 따른 군사 징발의 관문 시행

이때 상공(相公) 윤두수(尹斗壽)가 사복제조(司僕提調)가 되었는데, 도승지(都承旨) 이항복(李恒福)이 윤두수에게 말하기를, “병조(兵曹)의 상번(上番) 군사는 모두 향곡(鄕曲: 시골구석)의 겁쟁이들인데, 오합지졸(烏合之卒)이 올라와서 부질없이 군량(軍糧)만 축내니 모두 쓸모없는 무리이외다. 마땅히 따로 각 도(各道)의 용맹한 장사

모반을 고변하여, 그 공으로 형조참판으로 승진하고 평난공신 1등과 商山君에 봉해졌다. 1592년 임진왜란 때 巡檢使로 국내 여러 성의 수축을 담당하여 서울로 진군하는 왜적에 대비하였다. 그러나 왜병과 싸우다 도망한 죄로 파면되었다가 뒤에 영남·호남지방에 파견되어 군량미 조달을 담당하였다. 1594년에는 진휼사로 백성의 구제에 힘썼으며, 순검사·선공감제조 등을 역임하였다. 1600년 南以恭 등의 파당행위를 상소하였다가 집권층의 미움을 사 여러 차례 탄핵을 받기도 하였다.

40 金命元(김명원, 1534~1602): 본관은 慶州, 자는 應順, 호는 酒隱. 1568년 종성부사가 되었고, 그 뒤 동래부사·판결사·형조참의·나주목사·정주목사를 지냈다. 1579년 의주목사가 되고 이어 평안병사·호조참판·전라감사·한성부좌윤·경기감사·병조참판을 거쳐, 1584년 함경감사·형조판서·도총관을 지냈다. 1587년 우참찬으로 승진했고, 이어 형조판서·경기감사를 거쳐 좌참찬으로 지의금부사를 겸했다. 1589년 鄭汝立의 난을 수습하는 데 공을 세워 平難功臣 3등에 책록되고 慶林君에 봉해졌다.1592년 임진왜란이 일어나자, 순검사에 이어 팔도도원수가 되어 한강 및 임진강을 방어했으나, 중과부적으로 적을 막지 못하고 적의 침공만을 지연시켰다. 평양이 함락된 뒤 순안에 주둔해 行在所 경비에 힘썼다. 이듬해 명나라 원병이 오자 명나라 장수들의 자문에 응했고, 그 뒤 호조·예조·공조의 판서를 지냈다. 1597년 정유재란 때는 병조판서로 留都大將을 겸임했다.

를 뽑고, 문장과 학문이 능하면서 말타기와 활쏘기를 잘하는 출신(出身) 및 한량(閒良)을 어느 곳에서든 뽑아와서 근본을 굳게 지키는 것이 지금 제일의 급선무이리니, 관문(關文: 공문)을 내보내도록 임금께 아뢰어 청하사이다."라고 하였다.

그리하여 본도(本道)에서 직접 뽑은 자가 80명이었다. 공(公)은 문학(文學)과 효렴(孝廉: 효행과 청렴)으로써 일찍이 천거되었던 까닭에 도내(道內)에서 군수(軍帥: 장수)를 뽑아 거느리는 일에도 참여하였다.

時尹公斗壽[41]爲司僕提調, 都承旨李公恒福[42]謂尹公斗壽, 曰:

---

41 尹公斗壽(윤공두수): 尹斗壽(1533~1601). 본관은 海平. 자는 子仰, 호는 梧陰. 尹根壽의 형이다. 1592년 임진왜란이 발발하자 어영대장·우의정을 거쳐 좌의정에 이르렀다. 평양 行在所에 임진강의 패배 소식이 전해지자, 명나라에 구원을 요청하자는 주장에 반대하고 우리의 힘으로 최선의 노력을 다하자고 주장하였다. 이조판서 李元翼, 도원수 金命元 등과 함께 평양성을 지켰다. 이듬해 三道體察使를 겸했으며, 1595년 판중추부사가 되었고 海原府院君에 봉해졌다. 1597년 정유재란 때에는 영의정 柳成龍과 함께 난국을 수습하였다. 이듬해 좌의정이 되고 영의정에 올랐으나, 대간의 계속되는 탄핵으로 사직하고 南坡에 물러났다.

42 李公恒福(이공항복): 李恒福(1556~1618). 본관은 慶州, 자는 子常, 호는 白沙·弼雲·東岡. 1592년 임진왜란이 일어나자 도승지로서 왕비를 개성까지 무사히 호위하고, 또 왕자를 평양으로, 선조를 의주까지 호종하였다. 그동안 이조참판으로 오성군에 봉해졌고, 이어 형조판서로 오위도총부도총관을 겸하였다. 이 동안 이덕형과 함께 명나라에 원병을 청할 것을 건의했고 尹承勳을 해로로 호남지방에 보내 근왕병을 일으켰다. 선조가 의주에 머무르면서 명나라에 구원병을 요청하자, 명나라에서는 조선이 왜병을 끌어들여 명나라를 침공하려 한다며 병부상서 石星이 黃應陽을 조사차 보냈다. 이에 그가 일본이 보내온 문서를 내보여 의혹이 풀려 마침내 구원병이 파견되었다. 그리하여 만주 주둔군 祖承訓·史儒의 3,000 병력이 왔으나 패전하자, 다시 중국에 사신을 보내 대병력으로

"兵曹上番[43]軍士, 皆鄕曲愡羸者, 烏合[44]上來, 徒食軍粮, 皆無用之物。且當別抄各道驍勇壯士, 能文學善騎射, 出身[45]及閒良[46]者, 隨在抄來, 扈衛然後, 可以固守根本爲方今第一務, 啓請發關." 本道抄招者, 八十名也。公以文學孝廉, 曾入薦剡[47], 故亦叅參道內領抄軍帥。

『징비록』 I-14

6. 순창군수 김억추의 격문 도착, 창의의 주도적 인물들

이보다 앞서 순창 군수(淳昌郡守) 김억추(金億秋)가 공(公) 및 윤현(尹俔)과 이준(李浚)에게 편지를 보내어 말하기를, "강진(康津)은 곧 연해(沿海)의 인후(咽喉: 요충지)이니, 급히 의병을 일으켜 성산(城山: 兵峙)에 진(陣)을 치고 왜군이 쳐들어오는 길목을 막으시오."라고 하였다. 정릉 제관(貞陵祭官) 조팽년(趙彭年)이 자기 집에 보내는 편지

구원해줄 것을 청하자고 건의하였다. 그리하여 李如松의 대병력이 들어와 평양을 탈환하고, 이어 서울을 탈환, 환도하였다. 다음 해 선조가 세자를 남쪽에 보내 分朝를 설치해 경상도와 전라도의 군무를 맡아보게 했을 때 大司馬로서 세자를 받들어 보필하였다. 1594년 봄 전라도에서 宋儒眞의 반란이 일어나자 여러 관료가 세자와 함께 환도를 주장하였다. 그러나 그는 반란군 진압에 도움이 되지 못한다고 상소해 이를 중단시키고 반란을 곧 진압하였다.

43 上番(상번): 지방의 군사를 뽑아 차례로 도성의 군영으로 올려보내는 일.

44 烏合(오합): 烏合之衆. 쓸모없는 무리만 모인 것을 일컫는 말.

45 出身(출신): 과거의 무과에 급제하고 아직 벼슬에 나서지 못한 사람.

46 閒良(한량): 閑良. 무과의 합격자로서 前職이 없던 사람.

47 薦剡(천섬): 천거. 추천서. 사람의 재능과 장점을 기록하여 추천하는 글.

에서 이르기를, “이순신(李舜臣)이 전선(戰船) 10여 척을 정비하여 진도(珍島)로 향할 것이니, 군량(軍糧) 100섬을 미리 운반해 놓고 기다리도록 하라.”라고 하였다. 병사(兵使) 선거이(宣居怡)가 각 고을의 군병(軍兵: 관군과 의병)들을 모두 통솔하여 수비할 계책을 세우고는, 수교(首校)를 나주(羅州)에 가도록 하여 류희달(柳希達)에게 의병을 일으킬 것을 청하니, 쇠고기와 술을 크게 갖추어서 고을 객사(客舍)에 모임을 주선하여 의병을 규합하며 우선 격문(檄文)을 이웃 고을에 전하였다. 그리하여 의로운 선비들이 봉기하였고, 의곡(義穀) 바치기를 원하는 자가 자못 많았다. 감찰(監察) 이언빈(李彦贇)이 곳간의 곡식 200섬과 활, 화살, 창, 칼 등 바치기를 원하면서 스스로 마련하였고, 가동(家僮) 100명 및 의사(義士) 100여 명을 인솔해 왔다. 수문장(守門將) 염걸(廉傑)이 그의 아우를 거느리고 왔다. 사직(司直) 김만령(金萬齡)이 그의 아들인 판관(判官) 김몽룡(金夢龍)과 왔다. 무사(武士) 윤현(尹俔)이 그의 동생 윤검(尹儉)과 함께 의병 60여 명을 모집해 왔다. 의사(義士) 김덕란(金德鸞)·전몽성(全夢星)·서희서(徐希恕)가 각기 기장(器仗: 병장기와 의장)과 말 몇 마리를 마련하고서 장사(壯士) 10여 명을 인솔해 왔다. 해남 현령(海南縣令) 변응정(邊應井)이 관내의 군사를 거느리고 왔다. 이남(李楠)·박명현(朴名賢)·홍계남(洪季男)·구황(具滉) 등이 정장역사(精壯力士: 정예 용사) 100여 명을 뽑아 왔다. 격문을 이웃 고을에 전한 지 10일 사이에 의거(義擧)에 달려 나온 자가 1,000여 명으로 모두 모여서 맹세를 다지고, 급히 담양(潭陽) 의병의 맹주(盟主) 고경명(高敬命) 및 전주(全州) 소모사(召募使) 이정란(李廷鸞)·나주(羅州) 의곡장(義穀將) 기효증(奇孝曾)에게 알렸다.

이때 윤승훈(尹承勳)이 선유사(宣諭使)로서 와 전지(傳旨: 왕명서)를 반포하였는데, 이르기를, "남쪽 지방의 의로운 선비들 가운데 의병을 일으켜 곳곳에서 봉기한 자가 많이 있다고도 하니, 흩어져 도망친 의병들을 불러 거두어 기일을 정하고 모두 일어나서 좌우로 함께 전진하여 내가 밤낮으로 고대하는 바에 부응하라."라고 하였다. 이에, 의사(義士)들이 북쪽을 향해 네 번 절하고 크게 읽으며 목이 메었는데, 저도 모르게 흘러내리는 피눈물을 서로 닦았다.

일찍이 이순신(李舜臣)이 정읍 현감(井邑縣監)에서 승진하여 좌수사(左水使: 전라좌수사)로 발탁되어 부임했을 때, 공(公)과 반곡(盤谷) 정경달(丁景達)이 보성관(寶城館)으로 가서 서로 뜻밖에 다시 만났다. 마침내 지기(知己)로 허여하고 솥발처럼 둘러앉아서 이야기를 주고받았는데 병가(兵家)에 정통하지 않은 사람이 없었고, 무신(武臣)으로서 적개심이 늠름하여 가을 하늘과 높이를 다투었다. 이공(李公: 이순신)이 공(公)의 보검(寶劍)과 신마(神馬)를 보고 크게 칭찬하여 말하기를, "지모가 있는 선비는 견해가 대략 같다고 하여 즉시 임무를 맡기려고 하지만, 공(公)이 비록 지기(知己)와 더불어 죽고 사는 고생을 함께하려고 할지라도 이미 장수를 뽑아 거느리는 임무에서 어명을 받들었기 때문에 참여할 수가 없네."라고 하였다. 이윽고 서로 인사하고 헤어졌다.

先是, 淳昌[48]郡守金億秋[49], 致書于公及尹俔[50]·李浚[51], 曰: "康

---

48 淳昌(순창): 전라북도 남부 노령산맥의 동쪽 사면 산간 지대에 있는 고을. 동쪽

津[52], 卽沿海咽喉, 急倡義旅[53], 結陣城山[54], 以扼倭路." 貞陵[55]祭官趙彭年[56], 家書曰: "李公舜臣[57], 裝戰船十餘隻, 向珍島[58], 軍糧百

은 섬진강을 사이에 두고 남원시, 서북쪽은 노령산맥의 주능선을 경계로 정읍시, 남쪽은 전라남도 장성군·담양군·곡성군, 북쪽은 임실군과 접한다.

49 金億秋(김억추, 1548~1618): 본관은 淸州, 자는 邦老. 전라남도 강진 출신. 일찍이 무과에 급제하고 濟州判官·사복시판관 및 진산·순창·초산 등의 현감을 거쳤다. 1592년 임진왜란이 일어나 왕이 평양으로 파천하자, 방어사로서 許淑 등과 함께 수군을 이끌고 대동강을 지켰다. 안주와 여주 목사 등에 올랐으나 곧 교체되었고, 이후 滿浦鎭僉節制使와 진주 목사가 되었으나 또 교체되었다. 1597년 漆川梁海戰에서 전사한 李億祺의 후임으로 전라우도수군절도사가 되었고, 일시 副將兼助防將으로 명나라군에 배속되기도 하였으나, 이후 주로 전라수군절도사로 활약하였다. 통제사 이순신을 따라 鳴梁海戰에서 많은 공을 세웠다. 그 뒤 밀양부사를 거쳐 1608년 경상좌병사가 되었다가 3년 후에 제주목사에 제수되었다.

50 尹俔(윤현, 생몰년 미상): 본관은 海南, 자는 大有. 아버지는 尹恭中이다. 1585년 무과에 급제하였다. 訓鍊判官으로 정유재란을 맞아 동생 尹儉과 함께 의병을 일으켜 海南 達摩山 아래서 크게 싸우다가 전사하였다.

51 李浚(이준, 1579~1645): 본관은 原州, 자는 洄之, 호는 歸來亭. 광양현감을 지낸 李延福의 둘째아들이다. 전라남도 강진군 성전면 금당리 출신이다. 1599년 향시에 합격해 1600년 사마시에 합격하고 1606년 무과에 급제하여 1607년 함경도관찰사 李時發을 수행하였다. 그 후로 선전관, 비변랑을 거쳐 軍器寺判官이 되었다. 1623년 인조반정 이후 예조좌랑, 훈련첨정, 벽동군수, 운산군수, 안흥첨사, 영변부사, 철산부사, 춘천부사 등을 지냈다.

52 康津(강진): 전라남도 남서해안에 있는 고을. 동쪽은 장흥군, 서쪽은 해남군, 남쪽은 강진만, 북쪽은 영암군과 접하고 있다.

53 義旅(의려): 義兵. 나라가 위급할 때 백성들이 자발적으로 조직한 군대.

54 城山(성산): 지금의 兵峙. 전라남도 해남군 옥천면 성산리와 강진군 도암면 지석리의 경계에 있다.

55 貞陵(정릉): 조선 태조 이성계의 繼妃 神德王后의 능.

56 趙彭年(조팽년, 1549~1612): 본관은 漢陽, 자는 景老, 호는 溪陰. 1573년 생원이 되고, 1576년 식년문과에 급제하였다. 1588년 전의현감, 1599년 여산군수를

石, 預運等待."云。兵使宣居怡[59], 都督各邑軍兵, 爲守禦計, 遣首

역임하였다.

57 李公舜臣(이공순신): 李舜臣(1545~1598). 본관은 德水, 자는 汝諧. 1576년 식년무과에 급제했다. 1589년 柳成龍의 천거로 高沙里僉使로 승진되었고, 절충장군으로 滿浦僉使 등을 거쳐 1591년 전라좌도 水軍節度使가 되어 여수로 부임했다. 이순신은 왜침을 예상하고 미리부터 군비확충에 힘썼다. 특히, 전라좌수영 본영 선소로 추정되는 곳에서 거북선을 건조하여 여수 종포에서 點考와 포사격 시험까지 마치고 돌산과 沼浦 사이 수중에 鐵鎖를 설치하는 등 전쟁을 대비하고 있었다. 임진왜란이 일어나자 가장 먼저 전라좌수영 본영 및 관하 5관(순천·낙안·보성·광양·흥양) 5포(방답·사도·여도·본포·녹도)의 수령 장졸 및 전선을 여수 전라좌수영에 집결시켜 전라좌수영 함대를 편성하였다. 이 대선단을 이끌고 玉浦에서 적선 30여 척을 격하하고 이어 泗川에서 적선 13척을 분쇄한 것을 비롯하여 唐浦에서 20척, 唐項浦에서 100여 척을 각각 격파했다. 7월 閑山島에서 적선 70척을 무찔러 閑山島大捷이라는 큰 무공을 세웠고, 9월 적군의 근거지 부산에 쳐들어가 100여 척을 부수었다. 이 공으로 이순신은 정헌대부에 올랐다. 1593년 다시 부산과 熊川의 일본 수군을 소탕하고 한산도로 진을 옮겨 本營으로 삼고 남해안 일대의 해상권을 장악, 최초로 삼도수군통제사가 되었다. 1596년 원균 일파의 상소로 인하여 서울로 압송되어 囹圄의 생활을 하던 중, 우의정 鄭琢의 도움을 받아 목숨을 건진 뒤 도원수 權慄의 막하로 들어가 백의종군하였다. 1597년 정유재란 때 원균이 참패하자 다시 삼도수군통제사에 임명되었다. 12척의 함선과 빈약한 병력을 거느리고 鳴梁에서 133척의 적군과 대결, 31척을 부수어서 명량대첩을 이끌었다. 1598년 명나라 陳璘 제독을 설득하여 함께 여수 묘도와 남해 露梁 앞바다에서 순천 왜교성으로부터 후퇴하던 적선 500여척을 기습하여 싸우다 적탄에 맞아 전사했다.

58 珍島(진도): 전라남도 해남반도 남서쪽에 있는 섬. 동남쪽은 완도군, 동북쪽은 鳴梁海峽을 건너 해남군, 서쪽은 황해, 남쪽은 濟州海峽, 서북쪽은 신안군의 여러 섬들과 접한다.

59 宣居怡(선거이, 1550~1598): 본관은 寶城, 자는 思愼, 호는 親親齋. 1569년 兼司僕에 천거되어 10년의 임기를 마치고 1579년 무과에 급제하였다. 1586년 함경북도 병마절도사 李鎰의 啓請軍官이 되었다. 1587년 造山萬戶이었던 李舜臣과 함께 鹿屯島에서 변방을 침범하는 여진족을 막아 공을 세웠다. 1588년 거제현령·진도군수를 역임하고 이어 청백(淸白: 맑고 깨끗한 행세)으로 성주목사

校[60]往羅州[61], 請柳希達[62], 勸倡起義, 大備牛酒, 設會於本縣客舍, 糾合義兵, 爲先傳檄隣邑。於是, 義士蜂起, 願納義穀者頗多。監察李彦贇[63], 願納私囷二百石, 弓矢槍劍, 一一自辦, 而率家僮百名及義士百餘人而來。守門將廉傑[64], 率其弟而來。司直金萬齡[65]與

를 거쳐 1591년에 전라도수군절도사가 되었다. 1592년 임진왜란이 일어나자 그 해 7월에 한산도해전에 참가하여 전라좌수사 이순신을 도와 왜적을 크게 무찔렀다. 1592년 12월 禿山山城 전투에서는 전라도병사로서 전라순찰사 權慄과 함께 승첩을 올렸는데 이때 크게 부상당하였다. 이어 다음해인 1593년 2월 행주산성 전투에 참가하여 권율이 적을 대파하는데 공을 세웠다. 같은 해 9월에는 함안에 주둔하고 있던 적군이 약탈을 일삼고 있었으므로 이를 공격하다가 부상을 당하였다. 그 뒤 충청병사에 올랐다. 한산도에 내려와서는 이순신을 도와 屯田을 일으켜 많은 軍穀을 비축, 공을 세웠다. 1594년 9월에는 이순신과 함께 長門浦 해전에서 또 공을 세웠다. 그 뒤 충청수사가 되고 다음 해 황해병사가 되었다. 1597년 정유재란 때에는 남해·상주 등지에서 활약하였다. 1598년에는 울산 전투에 참가, 명장 楊鎬를 도와 싸우다 전사하였다.

60 首校(수교): 지방 관청에 배속된 장교의 우두머리.

61 羅州(나주): 전라남도 중서부 전남평야의 중앙에 있는 고을. 동쪽은 화순군, 서쪽은 무안군·함평군, 남쪽은 영암군, 북쪽은 광주광역시와 접한다.

62 柳希達(류희달, 1571~1631): 본관은 文化, 자는 仲顯, 호는 弄圃. 1592년 임진왜란이 일어나자 의병을 일으켰고, 1594년 무과에 급제하여 선전관이 되어 명나라 유격장 宋大斌의 접반사가 되었다. 1600년 竹山縣監을 거쳐 동지중추부사를 지냈다.

63 李彦贇(이언빈, 생몰년 미상): 본관은 光山, 자는 忠恕. 監察을 지냈다.

64 廉傑(염걸, 1545~1598): 본관은 坡州, 자는 國忠, 호는 退隱堂. 전라남도 강진에서 출생하였다. 1592년 임진왜란 때 康津에서 수문장으로 있던 중 향리에 침입한 왜적을 물리쳐 李舜臣에게도 이름이 알려졌다. 1597년 11월에 의병장이 되고 長興, 曳橋, 沒雲臺 등지에서 대승을 거두었다. 이후 이순신과 함께 露梁海戰에 참전하고 巨濟에서 싸우다가 1598년 11월에 전사하였다.

65 金萬齡(김만령, 생몰년 미상): 본관은 安山, 자는 永年. 金瑕의 아들이다. 무과에 급제하여 司直을 지냈다. 1592년 임진왜란 때 아들 金夢龍과 함께 창의하여

其子判官夢龍[66]來。武士尹俔, 與其弟儉[67], 募兵六十餘人而來。義士金德鸞[68]·全夢星[69]·徐希恕[70], 各具器仗·馬匹, 率壯士十餘人而來。海南[71]縣令邊應井[72], 率縣兵而來。李楠[73]·朴名賢[74]·洪

의병을 이끌고 해남현감 邊應井을 따라 熊峙에 나아가 싸웠다. 鄭湛과 함께 요해처를 지키며 길에 매복하였다가 적탄에 죽었다.

66 夢龍(몽룡): 金夢龍(1537~?). 본관은 安山, 자는 文伯. 전라남도 海南에서 거주하였다. 1584년 별시 무과에 급제하였다.

67 儉(검): 尹儉(?~1629). 본관은 海南. 尹俔의 아우이다. 1585년 무과에 급제하였다. 1592년 임진왜란 때 형 윤현과 함게 靈巖 達摩山 아래 싸워 참획한 바가 많았고, 康津 兵峙에서도 왜군을 많이 참획하였으며, 長興 石臺 아래에서 적에게 포위되었으나 형의 시신과 함께 돌아왔다.

68 金德鸞(김덕란, ?~1597): 전라남도 靈巖 출신으로 康津에 거주한 인물. 1592년 임진왜란 때 高敬命의 의병진을 따르려 하였으나, 부친상을 당하여 난리 중에도 禮制를 갖추어 장례하였다. 1597년 정유재란에는 全夢星·金德治 등과 거의하여 栗峙를 방어하였다. 月出山에서 왜를 맞아 지모를 다하여 막았으나, 전몽성과 김덕치와 함께 전사하였다.

69 全夢星(전몽성, ?~1597): 본관은 天安. 무과에 급제하여 현감에 제수되었다. 1597년 정유재란 때에 아우 全夢辰, 첨사 金德治 등과 함께 의병을 모집하여 수차례에 걸쳐 왜적을 격퇴하던 중 전사하였다.

70 徐希恕(서희서, 1555~1597): 본관은 南平, 자는 景惟. 전라남도 영암에 거주하였다. 1585년 식년시에 급제하였다. 아들 徐鍵 및 全夢星과 함께 의병을 불러 모아 栗峙에 진을 치고 왜적과 싸웠으며, 鍮店洞에서도 싸워 참획한 바가 많았다.

71 海南(해남): 전라남도 남서부에 있는 고을. 동쪽은 강진군, 북쪽은 영암군, 바다를 사이에 두고 북쪽은 목포시, 서쪽은 신안군, 남서쪽은 진도군, 남동쪽은 완도군과 접한다.

72 邊應井(변응정, 1557~1592): 본관은 原州, 자는 文淑. 1585년 무과에 급제하였다. 越松萬戶·선전관 등을 거쳐 해남현감으로 재직 중 임진왜란이 일어나자 관내의 소요를 진정시키는 한편, 격문을 돌려 의병을 규합하였다. 또 대군으로 침입한 적의 본토가 비어 있을 것을 들어 이를 공략하면 왜는 저절로 무너질 것이라고 주장, 일본 정벌을 상소하였다. 금산에서 趙憲과 합류하여 공격할 것을 약속하였으나 행군에 차질이 생겨 조헌이 전사한 뒤에 도착, 육박전으로 왜적과

李男[75]·具滉[76]等, 選精壯力士百餘人而來。十日之內, 赴義擧者, 一千有餘, 俱在會盟, 而馳報于潭陽[77]義會盟主高敬命[78]及全州[79]

싸워 큰 전과를 올렸으나 적의 야습을 받아 장렬히 전사하였다.

73 李楠(이남, 생몰년 미상): 본관은 原州, 자는 仲幹. 康津 출신으로, 李英萃의 손자이다. 1592년 임진왜란 때 의병 활동을 하였다.

74 朴名賢(박명현, 1561~1608): 본관은 竹山, 자는 君聘. 朴命賢으로 쓰기도 하였다. 1598년 무과에 급제하여 무장이 되어 1596년 李夢鶴의 반란을 평정하였다. 이듬해 정유재란 때 토포사·충청도방어사·전라도병마절도사 등을 지내면서 호서·호남 일대에서 전공을 세웠다. 1608년 宣祖가 죽자 무장 高彦伯과 함께 臨海君을 추대하려다가 잡혀 문초를 받던 중 物故되었고, 공신녹권에도 삭제되었다.

75 洪季男(홍계남, 1563~1597): 경기도 수원 忠義衛 洪彦秀의 庶子. 본관은 南陽. 출생지는 경기도 안성시 양성면이다. 아버지의 군사를 따라 왜적을 쳐서 여러 번 싸워 승리를 거두었고 적의 귀를 베어 온 것이 거의 백여 개에 달해 인근에 진을 친 왜군이 감히 나오지 못했다고 한다.

76 具滉(구황, 1561~1600): 본관은 綾城, 자는 士浩, 호는 釖山. 1583년 무과에 급제하였다. 1592년 임진왜란이 발발한 이후, 왜장 加藤淸正이 정예부대를 이끌고 함경도를 침략하였는데, 吾村權管으로서 鄭文孚 장군의 휘하에서吉州의 長德山에 이어 端川의 雙浦에서 왜군에 대승을 거두었다. 1593년 훈련원 正으로서 端川郡守 姜燦 휘하의 1대장이 되어 왜적을 소탕하는데 공을 세웠고, 곧이어 함경북도 회령의 보을하 첨사에 임용되었다. 그 해에 大丘府使에 임명되었으나, 수령관으로서의 자질이 부족하다는 사헌부의 탄핵을 받고 교체되었다. 이후 虞候를 거쳐 다시 보을하 첨사가 되었는데, 1600년 오랑캐의 침략에 맞서 싸우다가 전사하였다.

77 潭陽(담양): 전라남도 북부에 있는 고을. 동쪽은 곡성군, 서쪽은 장성군, 남쪽은 광주광역시와 화순군, 북쪽은 전라북도 순창군과 접한다.

78 高敬命(고경명, 1533~1592): 본관은 長興, 자는 而順, 호는 霽峯·苔軒. 아버지는 대사간 高孟英이며, 어머니는 진사 徐傑의 딸이다. 1552년 진사가 되었고, 1558년 식년문과에 장원으로 급제해 成均館典籍에 임명되고, 이어서 공조좌랑이 되었다. 그 뒤 홍문관의 부수찬·부교리·교리가 되었을 때 仁順王后의 외숙인 이조판서 李樑의 전횡을 논하는 데 참여하고, 그 경위를 이량에게 몰래 알려준 사실이 드러나 울산군수로 좌천된 뒤 파직되었다. 1581년 영암군수로 다시 기용

召募使李廷鸞[80]·羅州義穀將奇孝曾[81]。時尹承勳[82]，以宣諭使[83]，

되었으며, 이어서 宗系辨誣奏請使 金繼輝와 함께 書狀官으로 명나라에 다녀왔다. 이듬해 서산군수로 전임되었는데, 明使遠接使 李珥의 천거로 從事官이 되었으며, 이어서 종부시첨정에 임명되었다. 1590년 承文院判校로 다시 등용되었으며, 이듬해 동래부사가 되었으나 서인이 실각하자 곧 파직되어 고향으로 돌아왔다. 1592년 임진왜란이 일어나 서울이 함락되고 왕이 의주로 파천했다는 소식을 전해들은 그는 각처에서 도망쳐온 官軍을 모았다. 두 아들 高從厚와 高因厚로 하여금 이들을 인솔, 수원에서 왜적과 항전하고 있던 廣州牧使 丁允佑에게 인계하도록 했다. 전라좌도 의병대장에 추대된 그는 종사관에 柳彭老·安瑛·楊大樸, 募糧有司에 崔尙重·楊士衡·楊希迪을 각각 임명했다. 그러나 錦山전투에서 패하였는데, 후퇴하여 다시 전세를 가다듬어 후일을 기약하자는 주위의 종용을 뿌리치고 "패전장으로 죽음이 있을 뿐이다."고 하며 물밀듯이 밀려오는 왜적과 대항해 싸우다가 아들 고인후와 유팽로·안영 등과 더불어 순절했다.

79 全州(전주): 전라북도 중앙에 있는 고을. 주변은 대부분이 완주군에 둘러싸여 있으며, 서남쪽의 일부가 김제시와 접한다.

80 李廷鸞(이정란, 1529~1600): 본관은 全義, 자는 文父. 전주에 세거하였다. 1568년 증광문과에 급제하여 벼슬길에 나아갔지만 뜻을 펼치지 못하였다. 1592년 임진왜란으로 왜군이 배티고개[梨峙]를 넘어 전라도로 침입하자 스스로 守城將이 되어 부민을 거느리고 전주성을 지켰다. 이 소식을 들은 조정에서는 太常寺僉正에 제수하여 포상하였다. 이어 군기시정을 거쳐 수원 부사에 올랐고, 공주 목사가 되었으나, 행정 능력이 부족하고, 진휼과 농정에 소홀하다고 하여 사헌부에 의하여 탄핵, 파직되었다. 1597년 정유재란에 다시 왜군이 전주성을 포위하자, 성을 지키던 明將은 성을 버리고 도망하자 크게 혼란이 일어났다. 이에 다시 조정에 읍소하여 전주 부윤이 되어 성을 지켰으며 삼도 소모사가 되었다.

81 奇孝曾(기효증, 1550~1616): 본관은 幸州, 자는 伯魯, 호는 涵齋. 高峰 奇大升의 아들이다. 1592년 임진왜란이 일어나자 金德齡이 담양에서 의병을 일으킬 때 都有司로 격문을 짓고 군사를 모집하였다. 그 결과 의병 1,000인과 군량미 3,000여 석을 확보하여 전라도 각지에서 왜군을 물리쳤다. 그 뒤 휘하 의병을 이끌고 바다를 건너 龍灣에 이르러 왕의 행재소에 나아가 시위하였는데, 왕의 총애를 크게 받아 형조정랑에 발탁되었고, 이어서 군기시 첨정에 올랐다.

82 尹承勳(윤승훈, 1549~1611): 본관은 海平, 자는 子述, 호는 晴峰. 1573년 사마시에 합격하여 진사가 되고, 그해 식년문과에 급제하였다. 1592년 임진왜란이

來頒傳旨, 有曰: "南中義士, 糾合義旅, 在在蜂起者, 或多有之, 召收散亡, 刻期大擧, 左右並進, 以副予日夜之望." 於是, 義士北向四拜, 大讀失聲, 不覺血淚相汝矣。曾於李公舜臣, 自井邑[84]縣監, 陞遷左水使[85], 赴任時, 公與盤谷丁景達[86], 往寶城館, 相與邂逅[87]。遂許知己, 鼎坐談論, 無非兵家者流[88], 而禦侮敵愾之義, 凜

일어나자 사간원 사간으로서 撫諭御史·宣諭使·調度使 등의 임시관직을 맡아 국난극복을 위하여 활약하였고, 1594년 충청도 관찰사에 이어 형조참의·호조참판·대사헌 등을 거쳤다. 1597년 형조판서가 되어 謝恩使로 명나라에 다녀온 다음 이조판서에 올랐다. 1599년 함경도 관찰사 재직 시에 변방의 여진족이 쳐들어와 크게 난을 일으키자 병사 李守一을 시켜 적의 소굴을 소탕함으로써, 魚游澗에서 豊山堡에 이르는 함경도 일대에 여진족들의 흔적을 찾아볼 수 없게 하였다.

83 《선조실록》에 의하면, 비변사가 윤승훈을 撫諭御史로 삼아 남방에 가서 傳敎하도록 해야 한다고 아뢴 것이 1592년 5월 24일과 29일이며, 7월 5일에서야 宣諭使가 됨. 원전의 내용은 시기가 부합하지 않아 착종인 것으로 보인다.

84 井邑(정읍): 전라북도 남서부에 있는 도시. 전주와 광주의 중간 지점에 자리잡고 있으며, 호남 서해안 지방을 연결하는 교통의 요지이다.

85 《선조실록》에 의하면, 1591년 2월 12일임. 이순신이 1589년 기축옥사에 연루된 鄭彦信을 獄中으로 찾아가 문안하고도 파면이나 체포되지 않고 현감으로 좌천되었던 것인데, 이때 종6품직에서 정3품직인 전라좌수사로 임명된 것으로 파격적인 인사이었다.

86 丁景達(정경달, 1542~1602): 본관은 靈光. 자는 而晦, 호는 盤谷. 1570년 문과에 급제하였다. 1591년 善山府使로 도임하였다. 1592년 4월에 임진왜란이 일어나자 잠시 몸을 피신하였다가 선산으로 되돌아와 흩어져 있는 관군과 군민을 모아서 塹壕를 파고 복병을 매복시켜 많은 왜군을 죽이고 포로로 잡았다. 10월 15일 선산 의병은 상주의 죽현으로 옮겨 진지를 구축하고 지형과 지세를 가리며 유격전을 전개하였다. 17일에는 해평으로 의병 진지를 이동하였다. 11월에는 大芚寺로 이동하여 진지를 구축하였다. 이듬해 2월초에 이준 형제가 이끄는 의병과 합류하여 무등곡에서 적을 섬멸하고 4월에 금오산 도선굴로 돌아왔다. 5월에 김산(金山; 김천)에 주둔하였다.

凜然與秋色爭高矣。李公見公, 寶劍神馬, 大加稱詡曰: "智謀之士, 所見略同[89], 卽欲委任, 而公雖欲與知己者, 死生同苦, 業已[90]承命於領抄之任, 故不得預焉." 因與辭別。

7. 상경길에 동복에서 황진과 조우

19일, 길을 떠나 동복(同福)에 이르러 종형(從兄: 6촌형) 황진(黃進)과 밤새도록 즐겁게 이야기를 나누노라니 딱따기 소리가 잦아들었다. 부임 길에 나서서 이별할 즈음 적벽강(赤壁江) 언덕에 노제(路祭)를 지냈는데, 잠깐 말을 세워놓고 그 자리서 맹세를 맺어 말하기를, "살아서는 북문(北門)을 지키는 자물쇠가 되고, 죽어서는 수양성(睢陽城)에 떠도는 원귀가 되어, 적을 섬멸해 종묘사직을 붙드는 것은 신하 된 자의 떳떳한 분수일러니 힘쓰고 힘쓰자."라고 하였다.

十九日, 發行抵同福[91], 與從兄進, 終宵湛樂而柝罷。啓行[92]臨別, 出祖[93]於赤壁江[94]岸, 歇馬立誓曰: "生爲北門鎖鑰, 死爲睢

---

87 邂逅(해후): 오랫동안 헤어졌다가 뜻밖에 다시 만남.

88 兵家者流(병가자류): 兵學에 정통한 사람들.

89 智謀之士, 所見略同(지모지사, 소견약동): 《資治通鑑》 권66 〈漢紀〉의 "천하의 지모를 지닌 선비는 견해가 대략 같다.(天下智謀之士, 所見略同.)"에서 나오는 말.

90 業已(업이): 이미.

91 同福(동복): 전라남도 화순군에 동부에 있는 고을. 동쪽은 순천시 주암면, 서쪽은 이서면·동면, 남쪽은 남면), 북쪽은 북면과 접한다.

92 啓行(계행): 新官의 부임 행차.

陽[95]厲鬼[96]，滅賊扶社，臣子之常分，勉哉！勉哉！”

8. 상경길에 순창에서 김억추, 양사형, 이대윤을 만남

20일, 말을 치달려 순창(淳昌)에 이르렀다. 고을 수령 김억추(金億秋) 및 직장(直長) 양사형(楊士衡)·정랑(正郞) 이대윤(李大胤)이 술을 마련하여 도중에 형초(荊楚: 싸리나무)를 깔고 이야기를 나누다가 파하였다.

二十日，馳發至淳昌。本官金億秋及直長楊士衡[97]·正郞李大胤[98]，具酒半途班荊[99]而罷。

---

93 出祖(출조): 먼 길을 떠날 때 行路神에게 제사 지내는 일. 路祭 지내는 것을 일컫는다.

94 赤壁江(적벽강): 전라남도 화순에 있는 甕城山의 서쪽에 있음. 강물 옆에 있는 돌의 색이 약간 붉으며, 매우 기이하고 높이가 100여 척을 헤아린다.

95 睢陽(수양): 睢陽城. 중국 양자강 유역의 성. 唐나라 玄宗 때 安祿山의 난으로 함락되었으나 張巡과 許遠 장수가 죽음으로써 사수한 덕분에 3일만에 구원병이 와 전쟁의 승기를 잡을 수 있었다.

96 厲鬼(여귀): 불행하고 억울한 죽음을 당했거나 제사를 지낼 후손을 남기지 못하고 죽어 전염병과 같은 해를 일으킨다고 여겨지는 귀신.

97 楊士衡(양사형, 1547~1599): 본관은 南原, 자는 季平, 호는 暎霞亭·漁隱. 1579년 생원시에 합격하였다. 1588년 식년문과에 급제한 뒤 軍資監의 奉事·直長 등을 역임하였다. 1592년 벼슬을 사임하고 남원에 낙향하였는데, 그 해 왜적이 침범하자 李大胤·崔尙重 등과 군량을 모아 금산의 전지로 보냈다. 1594년 尹斗壽가 체찰사로 삼남지방을 순시할 때 참좌하였다. 춘추관기사관·경기도사·南平縣監·예조정랑을 거쳐 1599년 靈光郡守로 임지에서 죽었다.

98 李大胤(이대윤, 1532~?): 본관은 全州, 자는 景述, 호는 琴軒·晩休堂. 1585년 식년시에 급제하였다. 벼슬은 正郞을 하다가 은퇴하고, 초야에서 후진을 양성하

9. 상경길에 전주에서 전라관찰사 이광 조우, 별초군 점고

21일, 전주(全州)에 도착하였다. 이때 부윤(府尹)이 막 죽고 적들이 금산(錦山)에 진을 쳐서 전쟁에 이길 책략이 매우 다급해지자, 감사(監司) 이광(李洸)·소모사(召募使) 이정란(李廷鸞)이 군무소(軍務所)에 자리를 만들어 공(公)에게 각 고을의 별초군(別抄軍)을 점고하게 하였다.

김제 군수(金堤郡守) 정담(鄭湛) 휘하의 한 사람이 곁에 있다가 조용히 청하여 말하기를, "우리 김제군 별초군의 한 사람이 바야흐로 어버이의 병환이 심하여 임종을 지켜볼 수 있게 해달라고 여러 번 간청하니, 번갈아서 대신 채우는 것이 어떠합니까?"라고 하자, 공(公)이 성난 목소리로 말하기를, "오늘의 일은 근왕(勤王)하는 데에 있지, 어버이를 위하는 데에 있지 않다."라고 하면서 큰 소리로 말하기를, "김제의 별초군은 신속하게 점고에 응하라."라고 하였다. 이에 각 고을의 별초군은 두려워 벌벌 떨며 직임에 나아가고 감히 거짓을 꾸미지 못하였다. 점고가 끝나자, 소모사(召募使: 이정란)가 술과 고기를 푸짐하게 갖추어 후하게 대접하였다. 이윽고 남아 있는 사람에게 작별하니, 울면서 보내주며 말하기를, "종묘사직을 회복한 후에는 서로 만나 볼 수나 있을지 없을지 모르겠네."라고 하였다.

였다. 1592년 임진왜란이 일어나자 倡義 격문을 돌려서 남원부를 방어하도록 하였다. 이때 義兵所都有司兼募糧將으로 크고 작은 군대 일을 관장하며 군수물자와 의병을 모았다.

99 班荊(반형): 옛 친구가 서로 만나 이별의 정을 나눔을 이르는 말. 춘추시대 楚나라 伍擧가 蔡나라 聲子와 世交를 맺고 있었는데, 두 사람이 우연히 鄭나라 교외에서 만나 荊草를 자리에 깔고 앉아 옛날이야기를 주고받으며 서로 음식을 먹고 헤어졌다는 고사에서 유래한 것이다.

二十一日, 到全州。時府尹新死, 賊屯錦山[100], 兵機甚急, 監司李洸[101]·召募使李廷鸞, 設座軍務所, 使公點考各邑別抄。金堤[102]郡守鄭湛[103]管下, 一人在傍, 從容請語曰: "弊郡別抄一人, 方以親

---

100 錦山(금산): 충청남도의 남동부에 있는 고을. 동쪽은 충청북도 영동군, 서쪽은 논산시 및 전라북도 완주군, 남쪽은 전라북도 무주군과 진안군, 북쪽은 대전광역시와 충청북도 옥천군 등과 접한다.

101 李洸(이광, 1541~1607): 본관은 德水, 자는 士武, 호는 雨溪散人. 1567년 생원이 되고, 1574년 별시 문과에 급제하였다. 평안병마평사·성균관전적·병조좌랑·정언·형조좌랑 등을 거쳐 1582년 예조정랑·지평, 이듬해 성균관직강·북청판관·함경도도사를 지냈다. 1584년 병조정랑·장악원첨정을 거쳐, 함경도 암행어사로 나가 북도민의 구호 현황을 살피고 돌아와 영흥부사가 되었다. 1586년 길주목사로 나갔다가 함경도관찰사 겸 순찰사로 승진했고 1589년 전라도관찰사가 되었다. 그해 겨울 모역한 鄭汝立의 문생과 그 도당을 전부 잡아들이라는 영을 어기고, 혐의가 적은 인물을 임의로 용서해 풀어주었다가 탄핵을 받고 삭직되었다. 1591년 호조참판으로 다시 기용되었으며, 곧 지중추부사로서 전라도관찰사를 겸임하였다. 이듬해 임진왜란이 일어나자 전라감사로서 충청도관찰사 尹先覺, 경상도관찰사 金睟와 함께 관군을 이끌고 북상해 서울을 수복할 계획을 세웠다. 그리하여 5월에 崔遠에게 전라도를 지키게 하고, 스스로 4만의 군사를 이끌고 나주목사 李慶福을 중위장으로 삼고, 助防將 李之詩를 선봉으로 해 林川을 거쳐 전진하였다. 그러나 도중 용인의 왜적을 공격하다가 적의 기습을 받아 실패하자 다시 전라도로 돌아왔다. 그 뒤 왜적이 전주·금산 지역을 침입하자, 光州牧使 權慄을 도절제사로 삼아 熊峙에서 적을 크게 무찌르고, 전주에 육박한 왜적을 그 고을 선비 李廷鸞과 함께 격퇴시켰다. 같은 해 가을 용인 패전의 책임자로 대간의 탄핵을 받고 파직되어 백의종군한 뒤, 의금부에 감금되어 벽동군으로 유배되었다가 1594년 고향으로 돌아왔다.

102 金堤(김제): 전라북도 중앙부의 서쪽에 있는 고을. 동쪽은 노령산맥의 주능선을 경계로 완주군, 남쪽은 동진강을 경계로 정읍시·부안군, 북쪽은 만경강 및 그 하구를 경계로 익산시·군산시, 서쪽은 황해에 접하고 있다.

103 鄭湛(정담, ?~1592): 본관은 盈德, 자는 彦潔. 1583년 무과에 급제한 뒤 여러 보직을 거쳐 1592년 金堤郡守로 나갔다. 임진왜란이 일어나자 의병을 모집하여 羅州判官 李福男, 의병장 黃樸 등과 함께 錦山을 거쳐 全州를 공략하려는 왜군

患, 屢懇終孝[104], 許遞充代, 如何?" 公厲聲曰: "今日之事, 在於勤王, 不在於爲親." 大呼曰: "金堤別抄, 速速就點." 於是, 各邑別抄, 戰慄就職, 莫敢飾詐。點罷, 召募使大備牛酒, 厚饋。因與留別[105], 涕泣送之, 曰: "未知恢社之後, 得相逢見否."

10. 상경길에 여산에서 왜적을 만남

24일, 여산(礪山)에 도착하였다. 왜적 100여 명이 앞길을 가로막았는데, 동행했던 사람들이 살해되기도 하고 달아나서 숨기도 하였다. 공(公)이 홀로 칼을 뽑고서 큰소리를 지르며 나는 듯이 내달리고 말 위에서 공격하여 10여 명의 왜적을 베었다. 이에, 별초군의 장사(壯士)들이 모두 생기가 돌게 되었다.

二十四日, 到礪山[106]。賊兵百餘, 攔截前路, 同行者, 或被害或走匿。公獨拔劍大呼, 疾馳如飛, 於馬上擊, 斬十餘賊。於是, 別抄壯士, 皆有生氣。

을 熊峙에서 육탄전으로 방어하다가 모두 전사하였다.

104 終孝(종효): 부모의 임종 때에 곁에서 정성을 다함. 어버이의 임종을 지킨다는 뜻이다.

105 留別(유별): 떠나는 사람이 남아 있는 사람에게 작별함.

106 礪山(여산): 전라북도 익산시 북동부에 있는 고을. 동쪽은 완주군 飛鳳面, 서쪽은 郎山面·金馬面, 남쪽은 王宮面, 북쪽은 충청남도 논산시 연무읍과 접한다.

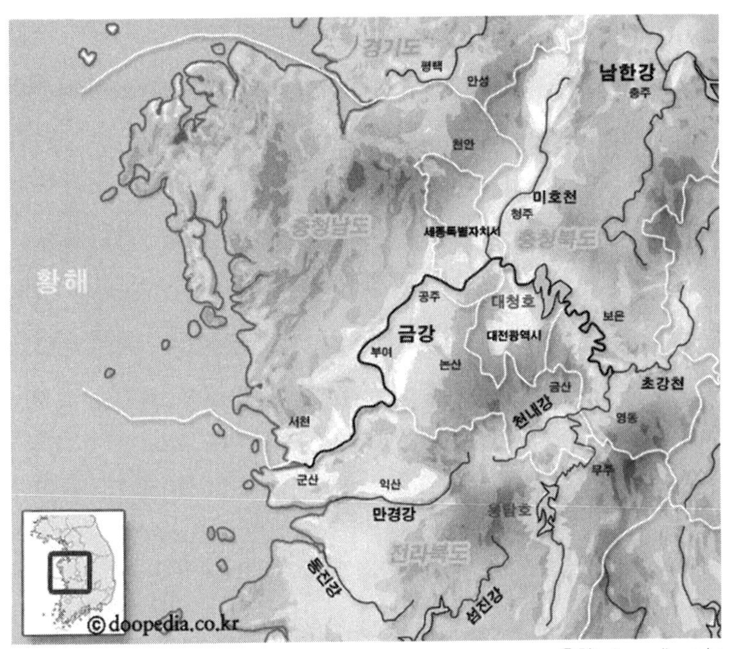

출처: doopedia.co.kr

금강·공주·금산·청주·평택

11. 상경길에 공주에서 왜적의 동향 전해들음

26일, 공주(公州)에 도착하였다. 금강(錦江)에서 산성을 쳐다보니, 사면에 깃발들이 총총하게 꽂혀 있었다. 후리(候吏: 도로에서 빈객을 맞이하는 아전)를 만나 사방의 동정을 물으니, 후리가 말하기를, "지금 청주(淸州) 경내에 있는 왜적의 기세가 대단히 치성하여 남녀가 달아나 숨은 데다, 성을 지키는 군사들 또한 적고 약해서 대적하기가 어려울 듯했기 때문에 청원사(請援使)가 계속 이어져 끊이지 않습니다. 또 파발 편의 서찰을 보니 수원(水原)·용인(龍仁)·과천(果

川) 등지는 적의 깃발이 들판을 뒤덮었고, 아산(牙山)의 둔포(芚浦: 屯浦)는 왜적의 배들이 끊임없이 이어졌으나 아직 상륙하지 못했으며, 진위(振威: 평택) 이하는 아직 침범당한 근심이 없소이다."라고 하였다.

二十六日, 到公州[107]。錦江[108]仰見山城, 四面鋪陣旗幟井井。逢候吏[109], 問四方動靜, 候吏曰: "今淸州[110]境上, 賊勢大熾, 士女逃竄, 守城軍士, 兼且寡弱, 似難抵敵, 故請援使[111], 連續不絶。又見驛便書, 則水原[112]·龍仁[113]·果川[114]之地, 賊旗蔽野, 牙山[115]

---

107 公州(공주): 충청남도 동부 중앙에 있는 고을. 동쪽은 세종특별자치시·대전광역시, 서쪽은 예산군·청양군, 남쪽은 계룡시·논산시·부여군, 북쪽은 아산시·천안시와 접한다.

108 錦江(금강): 전라북도 장수군 장수읍에서 발원하여 충청남북도를 거쳐 강경에서부터 충청남도·전라북도의 도계를 이루면서 군산만으로 흘러드는 강.

109 候吏(후리): 도로에 賓客을 전송하고 맞이하는 아전.

110 淸州(청주): 충청북도 중서부에 있는 고을. 남쪽은 대전광역시, 서쪽은 세종특별자치시·충청남도 천안시, 북쪽은 충청북도 진천군, 북동쪽은 증평군, 동쪽은 괴산군, 남동쪽은 보은군과 접한다.

111 請援使(청원사): 구원이나 지원을 청하는 임무를 맡은 사람.

112 水原(수원): 경기도 중남부에 있는 고을. 동쪽은 용인시 수지구와 기흥구, 서쪽은 안산시와 화성시 매송면, 남쪽은 화성시 태안읍, 북쪽은 의왕시와 접한다.

113 龍仁(용인): 경기도 중앙부에 있는 고을. 동쪽은 이천시, 서쪽은 수원시·화성시, 남쪽은 안성시·평택시, 북쪽은 성남시·의왕시·광주시와 접한다.

114 果川(과천): 경기도 중앙부에 있는 고을. 동쪽은 서울특별시·성남시, 서쪽은 안양시, 남쪽은 의왕시·시흥시, 북쪽은 서울특별시와 접한다.

115 牙山(아산): 충청남도 북부에 있는 고을. 동쪽은 천안시, 서쪽은 삽교천을 경계로 한 당진시, 남쪽은 예산군·공주시, 북쪽은 아산만을 사이에 둔 경기도 평택시와 접한다.

芚浦[116], 賊船連絡, 姑不下陸, 振威[117]以下, 姑無侵犯之患."云。

12. 경성에 들어가 이항복과 조우

29일, 경성(京城)에 들어갔다. 병조(兵曹)에서 점검하여 받아들였는데, 관할하고 있던 이항복(李恒福)이 공(公)의 검(劍)과 말 및 신언서판(身言書判)을 보고서 적당한 사람을 얻었다고 기뻐하여 후하게 대접해 군막에 있게 하면서 예사롭게 계책에 관해 이야기를 나누었다.

二十九日, 入京。納點於兵曺[118], 部李公恒福見公劍馬及身言書判[119], 喜得其人, 厚饋而置帷中, 常論籌策。

---

116 芚浦(둔포): 屯浦. 충청남도 아산시 둔포면 둔포리에 있던 포구. 조선시대 아산현, 평택현, 직산현 등의 내륙지역과 아산만을 연결하는 대표적인 포구였다.

117 振威(진위): 경기도 평택의 옛 지명. 《신증동국여지승람》에서 동쪽으로 양성현 경계까지 13리이고, 남쪽은 충청도 직산현 경계까지 37리이며, 서편으로는 水原府 경계까지 12리이고, 북쪽으로 용인현 경계까지 33리인데, 서울과는 1백 18리의 거리이라고 설명하였다. 남쪽에 海倉이 있어 남양만을 통하여 서울로 세곡을 운반하였다. 평택에서 이곳을 거쳐 용인과 수원을 지나 서울에 이르는 도로가 발달하였다.

118 이항복은 1592년 6월~1593년 12월, 1593년 12월~1594년 7월 分兵曹判書, 1594년 7월~1595년 3월 7일, 1596년 8월 23일~9월 26일, 1597년 3월 1일~8월 11일, 1597년 9월 14일~1598년 10월 8일 등 분병조판서까지 합하면 6번이나 병조판서를 맡은바 있음. 그러나 이때는 병조판서가 아니라서 원전의 내용은 착종이 있어 보인다.

119 身言書判(신언서판): 인재의 등용할 때 판단하는 네 가지 기준. 풍채·언변·문장·판단력을 말한다.

13. 청주에서의 패전에 따른 임금의 파천 논의

30일, 청주(淸州)에서의 패전 소식이 전해지자 인심이 흉흉하고 궐내에서는 대가(大駕)가 도성(都城)을 떠나야 한다는 논의가 있었다. 이때 도성을 지키고 있는 사람의 숫자가 겨우 7,000명으로 다 오합지졸이라서 모두 성에 밧줄을 매달아서 달아나려는 뜻이 있는 자들이었다. 또 해당 관청에 번(番)을 든 군사(軍士)와 하리(下吏: 하급관리)들이 간악한 꾀를 부려 뇌물을 받고서 사사로이 놓아준 자가 매우 많았다.

공(公)이 몹시 노하여 말하기를, "군중(軍中)의 기율이 이같이 문란할 수 있느냐?"라고 하고는 즉시 해당 관리를 참(斬)하여 길가에 효수(梟首)하였다. 이로부터 다시는 사사로이 뇌물을 받는 자가 없었다.

三十日, 淸州敗報至, 人心洶洶, 內有去邠[120]之議。是時, 守城人口, 僅七千, 率皆烏合, 皆有縋城, 欲遁之意者也。又該曹上番, 軍士與下吏, 作奸賂財, 私放甚多。公大怒曰: "軍中紀律, 如是紊亂乎?" 卽斬該吏, 梟于街上。由是, 無復私賂者。

『징비록』 I-14

14. 대가가 도성을 떠나 피난길에 오름

이날 대신(大臣)이 입계(入啓)하였는데, 모든 도(道)의 병사를 징발해 도성으로 이끌고 들어와 지원해주도록 불러야 한다고 하였다. 이조판서(吏曹判書) 이원익(李元翼)을 평안도 순찰사(平安道巡察使)

---

120 去邠(거빈): 임금이 도성을 떠나 난리를 피하는 일을 이르던 말.

로 삼고, 지사(知事: 知中樞府事) 최흥원(崔興源)을 황해도 관찰사(黃海道觀察使)로 삼아 즉시 군민(軍民)들을 위로하고 서쪽으로 몽진하려는 뜻을 타이르도록 보냈다. 적병이 충주(忠州)에 들어가자 신립(申砬)이 배수진을 치고 맞아 싸웠으나 패하여 죽은 것이 4월 그믐날이었고, 대가(大駕)가 궁궐을 떠나고 말았다.

이보다 앞서 도성에 전해 내려오는 '경기감사우장직령대월말일(京畿監司雨裝直領大月末日)'이라는 동요가 있었으나 그 뜻을 알지 못하였다. 이날 비가 내리자, 경기 감사(京畿監司: 權徵)가 직령(直領: 무관 옷)을 올려 임금이 입도록 하였고, 30일이 그믐날이었으니 곧 큰달의 말일이었던 것이다.

是日, 大臣入啓, 招徵諸道兵, 入援京師。以吏曺判書李公元翼[121]爲平安道巡察使, 知事崔興源[122]爲黃海道邀察使, 卽發遣[123]

---

121 李公元翼(이공원익): 李元翼(1547~1634). 본관은 全州, 자는 公勵, 호는 梧里. 1592년 임진왜란이 발발하자 이조판서로서 평안도도순찰사의 직무를 띠고 먼저 평안도로 향했고, 宣祖도 평양으로 파천했으나 평양마저 위태롭자 영변으로 옮겼다. 이때 평양 수비군이 겨우 3,000여 명으로서, 당시 총사령관 金命元의 군통솔이 잘 안되고 군기가 문란함을 보고, 먼저 당하에 내려가 김명원을 元帥의 예로 대해 군의 질서를 확립하였다. 평양이 함락되자 정주로 가서 군졸을 모집하고, 관찰사 겸 순찰사가 되어 왜병 토벌에 전공을 세웠다. 1593년 정월 李如松과 합세해 평양을 탈환한 공로로 崇政大夫에 가자되었고, 선조가 환도한 뒤에도 평양에 남아서 군병을 관리하였다. 1595년 우의정 겸 4도체찰사로 임명되었으나, 주로 영남체찰사영에서 일하였다. 이때 명나라의 丁應泰가 經理 楊鎬를 중상모략한 사건이 발생해 조정에서 명나라에 보낼 陳奏辨誣使를 인선하자, 당시 영의정 유성룡에게 "내 비록 노쇠했으나 아직도 갈 수는 있다. 다만 학식이나 언변은 기대하지 말라." 하고 자원하였다. 그러나 정응태의 방해로 소임을 완수하지 못하고 귀국하였다.

122 崔興源(최흥원, 1529~1603): 본관은 朔寧, 자는 復初, 호는 松泉. 1555년 소과를

撫諭軍民, 以西狩之意。賊兵入忠州, 申砬背水爲陣, 迎戰敗死, 四月晦日, 大駕離闕。

『징비록』 Ⅰ-14, 15, 16

先是, 都下有京畿監司雨裝直領大月末日之謠, 而莫知其意也。是日雨, 以京畿監司[124], 直領[125]加聖體, 三十晦, 乃大月末日也。

안방준, 「임진기사」

15. 근왕병 소집 위해 왕자 파견시 황정욱 부자와 조우

5월 1일, 거가(車駕: 大駕)가 돈의문(敦義門)으로 나가자, 대신(大

거쳐 1568년 증광문과에 급제하여, 장령·정언·집의·사간을 역임하였으며, 이어 동래와 부평의 부사를 지냈다. 1578년 승지로 기용되고, 1588년 평안도관찰사가 되었다. 이후 지중추부사를 거쳐 1592년 임진왜란이 일어나자 경기도와 황해도 순찰사, 우의정·좌의정을 거쳐 柳成龍의 파직에 따라 영의정에 기용되었다. 임진왜란 당시 왕을 의주까지 호종했던 공으로 1604년 扈聖功臣에 追錄되었다.

123 發遣(발견): 어떤 임무를 주어 사람을 내보냄.

124 京畿監司(경기감사): 權徵(1538~1598)을 가리킴. 본관은 安東, 자는 而遠, 호는 松菴. 1586년 형조참판이 되고 전후해서 충청·함경도관찰사를 거쳐, 1589년 병조판서로 승진하였다. 그러나 서인 鄭澈이 실각할 때 그 黨與로 몰려 평안도관찰사로 좌천되었다. 1592년 임진왜란이 일어나자 경기도 지방의 중요성을 감안해 경기관찰사에 특별히 임명되어 임진강을 방어해 왜병의 서쪽 지방 침략을 막으려고 최선을 다하였다. 그러나 패배하고 삭녕에 들어가 흩어진 군사를 모아 군량미 조달에 힘썼으며, 權慄 등과 함께 경기·충청·전라도의 의병을 규합해 왜병과 싸웠다. 1593년 서울 탈환 작전에 참가했으며, 명나라 제독 李如松이 추진하는 화의에 반대, 끝까지 왜병을 토벌할 것을 주장하였다. 그 뒤 공조판서가 되어 전년 9월 왜병에 의해 파헤쳐진 宣陵(성종릉)과 靖陵(중종릉)의 보수를 주관하였다.

125 直領(직령): 무관이 입던 옷. 소매가 넓고 빳빳한 웃옷의 하나. 깃이 곧다.

臣)들이 입계(入啓)하기를, "평양(平壤)으로 행차하소서. 천조(天朝: 명나라)의 군대를 기다리는 것이 어떻겠사옵니까?"라고 하였다. 대신들이 교지(敎旨: 재결)를 얻어 왕자를 여러 도에 나누어 보내 근왕병(勤王兵)을 불러 모으게 하고 세자는 대가(大駕)를 따르게 하였다. 임해군(臨海君)은 함경도(咸境道)로 가되 영부사(領府事) 김귀영(金貴榮)이 따르고, 순화군(順和君)은 강원도(江原道)로 가되 병조 판서(兵曹判書) 황정욱(黃廷彧) 및 그의 아들 황혁(黃赫, 협주: 공의 9촌 조카와 10촌 손자)이 따르기로 하였다.

헤어질 때 손을 잡고 눈물을 훔치며 말하기를, "공(公)의 지혜와 용기로는 반드시 대가(大駕)를 호종하는데 크나큰 공을 세우실 것이나, 우리의 일행은 북도(北道)가 험하고 먼데다 사람들의 성질이 강퍅(强愎)하여 의로운 기개로 많이 감화시키기가 어려울 것 같습니다. 만일 혹여 적이라도 만나면 몸을 빼내어 돌아올 수가 없으리니 살고 죽는 것이 더디고 빠를지를 어찌 미리 헤아릴 수 있겠습니까?" 라고 하였다. 서로를 영결하듯이 나뉘어 갔다.

五月初一日, 車駕自敦義門[126]出, 大臣入啓: "請幸平壤[127]。以待天朝兵, 如何?" 大臣得旨, 分遣王子諸道, 使召呼勤王, 世子隨大駕。臨海君[128]往咸境道, 領府使金公貴榮[129]從之, 順和君[130]往

---

126 敦義門(돈의문): 서울 종로구 새문안길에 있던 조선시대 성문. 서울 성곽의 四大門 가운데 서쪽 큰 문으로 일명 '西大門'이라고도 한다.

127 平壤(평양): 평안남도 서남부에 위치한 고을.

128 臨海君(임해군, 1574~1609): 宣祖의 맏아들 珒. 임진왜란 때 왜군의 포로가 되었다가 석방되었다. 광해군 즉위 후 유배되었다가 죽었다.

江原道, 兵判[131]黃廷彧[132]及其子黃赫[133]從之【於公爲九寸姪】。臨別

129 金公貴榮(김공귀영): 金貴榮(1520~1593) : 본관은 尙州, 자는 顯卿, 호는 東園. 1555년 을묘왜변이 일어나자 이조좌랑으로 도순찰사 李浚慶의 종사관이 되어 光州에 파견되었다가 돌아와 이조정랑이 되었다. 1556년 議政府檢詳, 1558년 弘文館典翰 등을 거쳐, 그 뒤 漢城府右尹·춘천부사를 지냈고, 대사간·대사헌·부제학 등을 번갈아 역임하였다. 선조 즉위 후 도승지·예조판서를 역임하고, 병조판서로서 지춘추관사를 겸하였으며, 1581년 우의정에 올랐고, 1583년 좌의정이 되었다가 곧 물러나 知中樞府事가 되었다. 1589년에 平難功臣에 녹훈되고 上洛府院君에 봉해진 뒤 耆老所에 들어갔으나, 趙憲의 탄핵으로 사직했다. 1592년 임진왜란이 일어나 천도 논의가 있자, 이에 반대하면서 서울을 지켜 명나라의 원조를 기다리자고 주장하였다. 결국 천도가 결정되자 尹卓然과 함께 臨海君을 모시고 함경도로 피난했다가, 회령에서 鞠景仁의 반란으로 임해군·順和君과 함께 왜장 加藤淸正의 포로가 되었다. 이에 임해군을 보호하지 못한 책임으로 관직을 삭탈당했다. 이어 다시 加藤淸正의 강요에 의해 강화를 요구하는 글을 받기 위해 풀려나 行在所에 갔다가, 사헌부·사간원의 탄핵으로 推鞫당해 회천으로 유배가던 중 중도에서 죽었다.

130 順和君(순화군, ?~1607): 宣祖의 여섯째아들. 부인은 승지 黃赫의 딸이다. 임진왜란이 일어나자 왕의 명을 받아 黃廷彧·황혁 등을 인솔하고 勤王兵을 모병하기 위해서 강원도에 파견되었다. 같은 해 5월 왜군이 북상하자 이를 피하여 함경도로 들어가 미리 함경도에 파견되어 있던 臨海君을 만나 함께 會寧에서 주둔하였는데, 왕자임을 내세워 행패를 부리다가 함경도민의 반감을 샀다. 마침 왜군이 함경도에 침입하자 회령에 위배되어 향리로 있던 鞠景仁과 그 친족 鞠世弼 등 일당에 의해 임해군 및 여러 호종관리와 함께 체포되어 왜군에게 넘겨져 포로가 되었다. 이후 안변을 거쳐 이듬해 밀양으로 옮겨지고 부산 多大浦 앞바다의 배 안에 구금되어 일본으로 보내지려 할 때, 명나라의 사신 沈惟敬과 왜장 小西行長과의 사이에 화의가 성립되어 1593년 8월 풀려났다. 성격이 나빠 사람을 함부로 죽이고 재물을 약탈하는 등 불법을 저질러 兩司의 탄핵을 받았고, 1601년에는 순화군의 君號까지 박탈당하였으나 사후에 복구되었다.

131 兵判(병판): 황정욱이 1591년 1월 병조판서가 되었으나 7월에 견책을 받아 물러났고, 1592년 임진왜란이 일어났을 때는 號召使가 되었으니, 원전의 내용은 착종임.

132 黃廷彧(황정욱, 1532~1607): 본관은 長水, 자는 景文, 호는 芝川. 1592년 임진

握手揮涕曰: “以公之智勇, 必樹大功於扈駕, 而吾等之行, 北道險遠, 人性强愎[134], 難以義氣多得化之, 若或遇賊, 莫可抽迴, 死生遲速之會, 寧可預度乎?” 相如永訣而分去。

왜란이 일어나자 號召使가 되어 왕자 順和君을 陪從, 강원도에서 의병을 모으는 격문을 8도에 돌렸고, 왜군의 진격으로 會寧에 들어갔다가 모반자 鞠景仁에 의해 임해군·순화군 두 왕자와 함께 安邊 토굴에 감금되었다. 이때 왜장 加藤淸正으로부터 선조에게 항복 권유의 상소문을 쓰라고 강요받고 이를 거부하였으나, 왕자를 죽인다는 위협에 아들 赫이 대필하였다. 이에 그는 항복을 권유하는 내용이 거짓임을 밝히는 또 한 장의 글을 썼으나, 體察使의 농간으로 아들의 글만이 보내져 뜻을 이루지 못하고 이듬해 부산에서 풀려나온 뒤 앞서의 항복 권유문 때문에 東人들의 탄핵을 받고 吉州에 유배되고, 1597년 석방되었으나 復官되지 못한 채 죽었다.

황정욱은 황희의 첫째아들 致身 계파로 2남 事長 → 蟾 → 起俊 → 悅 → 2남 廷彧으로 이어지는 장수황씨 10세손이니, 황대중과 9촌 숙질간이다. 황정욱의 아들 황혁은 황대중과 10촌 조손간이다.

133 黃爀(황혁, 1551~1612): 족보에 黃赫으로 나와서 이로 통일함.(이하 동일) 본관은 長水, 자는 晦之, 호는 獨石. 순화군의 장인이다. 임진왜란이 일어나자 護軍에 기용되어 부친 黃廷彧과 함께 사위인 順和君을 따라 강원도를 거쳐 會寧에 이르러, 모반자 鞠景仁에게 잡혀 왜군에게 인질로 넘겨졌다. 安邊의 토굴에 감금 중 적장 加藤淸正으로부터 선조에게 항복 권유문을 올리라는 강요에 못 이겨 부친을 대신하여 썼다. 이를 안 황정욱이 본의가 아니며 내용이 거짓임을 밝힌 별도의 글을 올렸으나 체찰사가 가로채 전달되지 않았다. 1593년 부산에서 왕자들과 함께 송환된 후 앞서의 항복 권유문으로 東人에 의해 탄핵, 理山에 유배되었다가 다시 信川에 이배되었다.

134 强愎(강퍅): 성격이 까다롭고 고집이 셈.

16. 파천길의 대가가 동파역에 도착, 난입한 호위군사 질책

이때 이일(李鎰)의 장계(狀啓)가 이르렀는데, 궁중의 호위 군사들이 모두 달아나 숨었다. 어둠 속에 경복궁(景福宮) 앞의 양쪽 저자거리에서 곡(哭)하는 소리가 들렸다. 임금과 신하가 서로 눈물을 훔치며 나와 사현(沙峴)에 이르러 도성을 돌아보니, 남대문(南大門) 안의 태창(太倉: 廣興倉)에 불이 일어나서 연기와 불길이 하늘로 솟구쳤다. 사현을 넘어 석교(石橋)에 이르니 비가 내렸고, 벽제역(碧蹄驛)에 이르러서는 조금 쉬다가 곧 나왔는데, 여러 관원이 많이 뒤떨어져 오지 아니하였다. 혜음령(惠陰嶺)을 지나도 비가 내리더니, 임진(臨津)에 이르러서 주상이 배를 타고 이미 건넜고, 저물었지만 불빛으로 길을 환히 비추어 동파역(東坡驛)에 이르렀다. 파주 목사(坡州牧使) 허진(許晉)과 장단 부사(長湍府使) 구효연(具孝淵)이 지대차사원(支待差使員)으로서 간소하게나마 임금에게 올릴 음식을 마련했는데, 호위하여 온 사람들이 종일토록 굶어 주방에 난입하여 억지로 빼앗아 먹는 바람에 장차 임금에게 바칠 음식이 없게 되니 허진과 구효연이 두려워하여 도망쳐 버렸다.

공(公)이 홀로 고삐를 잡고서 눈물을 흘리고는 칼을 들고 질책하여 말하기를, "옛날 한(漢)나라 광무제(光武帝: 劉秀)가 왕랑(王郎)한테 쫓기었을 때 풍이(馮異)가 콩죽과 보리밥이라도 올렸거늘, 지금 주상께서 굶주리심이 이에 이르렀는데도 신하된 자가 어찌 감히 통째로 먹는 것을 스스로 합당하다고 생각할 수 있었단 말이냐?"라고 하였다. 여러 사람이 모두 얼굴을 붉히며 물러났다.

是時, 李鎰狀啓至, 而宮中衛士, 皆奔竄。昏黑中, 景福宮[135]前, 兩市街, 哭聲相聞。 君臣相揮涕, 行至沙峴[136], 回視城中, 南大門[137]內太倉[138]火起, 煙焰漲天。踰沙峴, 至石橋雨中, 至碧蹄驛[139], 少頃卽出, 衆官多落後不至。過惠陰嶺[140]雨中, 至臨津[141], 上御舟已渡, 向昏以火燭地, 至東坡驛[142]。坡州[143]牧使許晉[144]·長湍[145]府使具孝淵[146], 以支待差使員[147], 略備上供, 扈衛人, 終日

---

135 景福宮(경복궁): 서울특별시 종로구 세종로에 있는 조선전기에 창건되어 정궁으로 이용된 궁궐. 도성의 북쪽에 있다고 하여 北闕이라고도 불리었다. 조선왕조의 건립에 따라 창건되어 초기에 정궁으로 사용되었으나 임진왜란 때 전소된 후 오랫동안 폐허로 남아 있다가 조선 말기 고종 때 중건되어 잠시 궁궐로 이용되었다.

136 沙峴(사현): 서대문구 현저동에서 홍제동으로 넘어가는 고개. 홍제동에 있는 모래내의 이름을 따서 붙여진 모래재를 한자명으로 표기한 데서 유래된 이름이다.

137 南大門(남대문): 조선시대 도성의 남쪽 대문을 일반인들이 편하게 불렀던 말. 1395년 성곽 축성과 동시 기공하여 1398년에 준공된 도성의 성곽문으로 崇禮門이 정식 명칭이다.

138 太倉(태창): 조선시대 廣興倉의 별칭. 관료들의 녹봉을 담당하던 관청이다. 西江의 북쪽에 있었다고 한다.

139 碧蹄驛(벽제역): 경기도 고양시 벽제역에 있는 조선시대 중국 사신이 한양으로 들어오기 하루 전에 유숙하던 객사.

140 惠陰嶺(혜음령): 경기도 고양시의 덕양구 고양동과 파주시 광탄면 사이에 위치한 고개. 동쪽에 있는 우암산 자락에서 연결된다.

141 臨津(임진): 경기도 파주시 군내면 지역에 위치한 고을.

142 東坡驛(동파역): 조선시대 경기도 長湍에 위치한 역참.

143 坡州(파주): 경기도 북서부에 위치한 고을. 동쪽은 양주시, 서쪽은 남부는 한강을 경계로 김포시와, 북부는 임진강을 경계로 개풍군과 접한다.

144 許晉(허진, 1536~1616): 본관은 陽川, 자는 景昭, 호는 西橋. 임진왜란이 일어나자 1594년 동지사로 중국에 들어가서 왜적의 동태를 알리고, 아울러 군수품의 무역을 바라는 정문을 올려 귀국 시에 많은 무기를 교역하고 돌아왔다.

不食, 亂入廚中, 搶奪以食, 將闕上供, 晉與孝淵, 懼而逃。公獨按轡垂淚, 而擧劒叱責曰: "昔漢光武[148], 爲王郎[149]所逐, 馮異[150]進豆粥·麥飯, 今 主上飢乏至此, 爲人臣者, 何敢有自合呑食之意乎?" 衆皆赧然而退。

『징비록』 I-16

17. 대가가 개성에 도착, 삼정승을 새로 임명

5월 3일, 거가(車駕: 大駕)가 개성부(開城府)에 머무르자, 경기도의 아전과 군사들이 이따금 숨어 지냈다. 공(公)만 홀로 천리 밖이라 사방을 돌아봐도 친척이라고는 없고, 이미 신하가 된 몸으로 낭패

---

145 長湍(장단): 경기도 북서부에 위치한 고을. 동쪽은 연천군, 서쪽은 개풍군, 남쪽은 파주군, 북쪽은 황해도 금천군과 접한다.

146 具孝淵(구효연, 1526~?): 본관은 綾城. 內資寺直長 具徵의 아들. 1561년 생원시에 입격하여 橫城縣監·長湍府使 등을 지냈다.

147 支待差使員(지대차사원): 임금의 접대를 위하여 파견된 관리.

148 漢光武(한광무): 漢光武帝 劉秀. 後漢의 초대 황제. 新莽 말기에 중국 천하가 大亂 속에 빠지자 군사를 일으켜서 12년 동안의 통일 전쟁을 거쳐 25년에 河北 鄗南 千秋亭에서 황제로 등극했다.

149 王郎(왕랑): 成帝의 아들 劉子輿를 자처하며 황제를 僭稱하며 반란을 일으킨 인물.

150 馮異(풍이): 後漢의 개국명장. 후한 光武帝를 위하여 누차 전쟁터에 나갔으며, 전쟁터에서는 다른 장수들이 모여앉아 전공을 논의할 때 홀로 나무 아래에 앉아 대책을 궁리하였으므로 大樹將軍이라는 별호를 얻었다. 왕랑이 군사를 일으킨 탓에 유수가 황급히 피해야 했을 때, 지금의 河北省 饒陽 일대의 無蔞亭에 이르러 날씨가 몹시 추워서 모든 사람이 다 굶주려 크게 지쳐 있었지만, 풍이는 유수에게 콩죽을 올렸다는 고사가 있다.

한 때를 당하여 일편단심(一片丹心: 한결같은 참된 마음)으로 대가(大駕) 앞에서 죽음을 맹서하였는데, 다행히 이원익(李元翼) 및 이항복(李恒福)이 배불리 먹게 해준 덕분에 굶주린 적이 없었다.

이때 류성룡(柳成龍)을 수상(首相)으로 삼고, 윤두수(尹斗壽)를 좌상(左相)으로 최흥원(崔興源)을 우상(右相)으로 삼았다. 주상이 남문(南門: 개성 남대문)에 나아갔다가 정철(鄭澈)을 소환하여 강계(江界)의 유배지에서 행재소(行在所)로 오도록 하라고 명하였다.

五月初三日, 車駕留開城[151]府, 京畿吏卒, 往往遁居。公獨以千里外, 四顧無親, 而旣爲人臣, 當狼狽之時, 一片丹心, 矢死於駕前, 幸賴李公元翼及李公恒福厚饋, 未嘗飢乏。是時, 以柳公成龍爲首相, 尹公斗壽爲左相, 崔公興源爲右相。上御南門, 命召還鄭澈[152], 自江界[153]配所, 至行在[154]。 『징비록』 I-16

---

151 開城(개성): 경기도 북서부에 위치한 고을. 동쪽은 장단군, 서·남·북쪽은 개풍군과 접하고 있다.

152 鄭澈(정철, 1536~1593): 본관은 延日, 자는 季涵, 호는 松江. 어려서 仁宗의 淑儀인 맏누이와 桂林君 李瑠의 부인이 된 둘째누이로 인하여 궁중에 출입하였는데, 이때 어린 慶原大君(明宗)과 친숙해졌다. 1545년 을사사화에 계림군이 관련되자 부친이 유배당하여 配所를 따라다녔다. 1551년 특사되어 온 가족이 고향인 전라도 담양 昌平으로 이주하였고, 그곳에서 金允悌의 문하가 되어 星山 기슭의 松江가에서 10년 동안 수학하였다. 1561년 진사시에, 다음 해 별시문과에 각각 장원하여 典籍 등을 역임하였고, 1566년 함경도 암행어사를 지낸 뒤 李珥와 함께 賜暇讀書하였다. 1578년 掌樂院正에 기용되고, 곧 이어 승지에 올랐으나 珍島 군수 李銖의 뇌물 사건으로 東人의 공격을 받아 사직하고 고향으로 돌아왔다. 1580년 강원도 관찰사로 등용되었고, 3년 동안 강원·전라·함경도 관찰사를 지냈다. 1589년 우의정에 발탁되어 鄭汝立의 모반사건을 다스리게 되자 西人의 영수로서 철저하게 동인 세력을 추방했고, 이듬해 좌의정에 올랐으나 1591년 建儲문제를 제기하여 동인인 영의정 李山海와 함께 光海君의 책봉을

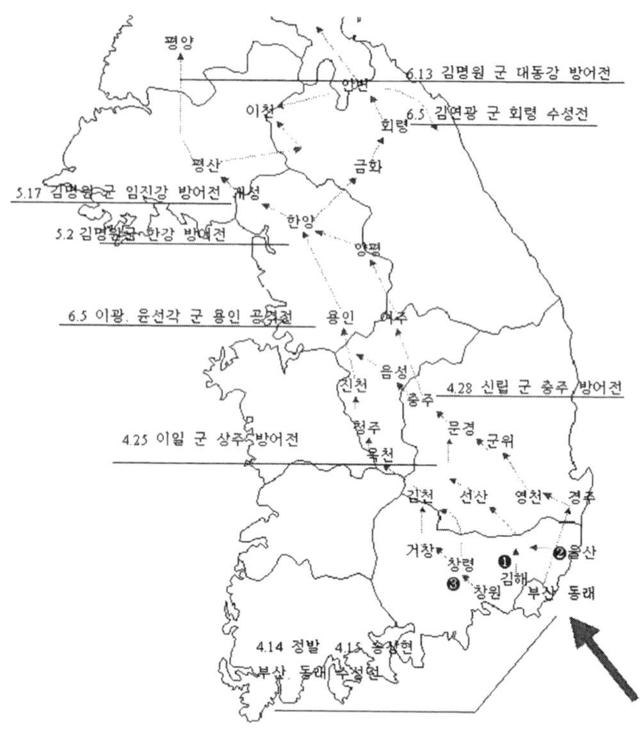

왜군의 진격로와 조선의 방어전

건의하기로 했다가 이산해의 계략에 빠져 혼자 광해군의 책봉을 건의했다. 이때 信城君을 책봉하려던 왕의 노여움을 사 파직되었고, 晉州로 유배되었다가 이어 江界로 移配되었다. 1592년 임진왜란 때 부름을 받아 왕을 의주까지 호종, 이듬해 謝恩使로 명나라에 다녀왔다. 얼마 후 동인들의 모함으로 사직하고 강화의 松亭村에 寓居하면서 만년을 보냈다.

153 江界(강계): 평안북도 북동부에 있는 고을. 동쪽은 낭림산맥을 경계로 함경남도의 장진군, 서쪽은 위원군·초산군, 남쪽은 희천군, 북쪽은 자성군·후창군, 그리고 압록강을 사이에 두고 중국의 만주 지방과 접한다.

154 行在(행재): 行在所. 임금이 대궐 밖으로 나가 거둥할 때 일시 머무는 곳.

18. 왜적의 경성 점령

5월 4일, 왜적이 갑자기 경성(京城)에 들어왔다. 왜적은 동래(東萊)로부터 세 길로 나누어 왔는데, 한패는 양산(梁山)·밀양(密陽)·청도(淸道)·대구(大邱)·인동(仁同)·선산(善山)을 거쳐 상주(尙州)에 이르렀고, 다른 한패는 장기(長鬐)·기장(機長: 機張의 오기)을 거쳐 울산(蔚山: 좌병영)·경주(慶州)·영천(永川)·신녕(新寧)·의흥(義興)·군위(軍威)·비안(比安)을 함락시키고 용궁(龍宮)의 풍진(豊津: 河豐津의 오기)을 건너 문경(聞慶)으로 나와서 중로(中路: 가운데 길)로 온 군사와 합세하여 조령(鳥嶺)을 넘어 충주(忠州)로 들어오고, 또 서로(西路)를 나누어 한쪽은 예주(禮州: 驪州의 오기)로 달려가 강을 건너고 양근(楊根)을 거쳐 용진(龍津)을 건너서 경성으로 나왔으며, 다른 한쪽은 죽산(竹山)·용인(龍仁)으로 달려가서 한강(漢江)의 남쪽으로 나왔으며, 또 다른 한패는 김해(金海)를 거쳐 성주(星州)의 무계진(茂溪津)에서 강을 건너고 지례(知禮)·김산(金山)을 거쳐 청주(淸州)로 나가 성을 함락시키고 경성(京城)으로 향하였다. 왜적의 깃발과 창검이 1,000리에 서로 이어졌고 포성이 서로 들렸다. 10리 혹은 5, 60리마다 험한 곳에 목책(木柵)을 설치하고 방비하였다.

도원수(都元帥) 김명원(金命元)이 제천정(濟川亭)에 있으면서 여러 번 싸웠으나 불리하였다. 공(公)이 출전하여 적 10여 급(級)을 베었으나, 공훈을 아뢰는 대열에 들지 못하였다. 이에, 경성(京城)에는 한 사람도 지키며 막으려는 자가 없었다.

初四日, 賊猝入京城。盖賊自東萊分三路, 一由梁山[155]·密陽[156]·淸道[157]·大邱[158]·仁同[159]·善山[160]至尙州, 一由長鬐[161]·機長[162], 陷

蔚山[163]·慶州[164]·永川[165]·新寧[166]·義興[167]·軍威[168]·比安[169], 渡龍

---

155 梁山(양산): 경상남도 동북부에 있는 고을. 동쪽과 남쪽은 부산광역시, 서쪽은 밀양시·김해시, 북쪽은 울산광역시와 접한다.

156 密陽(밀양): 경상남도 동북부에 있는 고을. 동쪽은 울산광역시·양산시, 서쪽은 창녕군, 남쪽은 낙동강을 경계로 김해시·창원시, 북쪽은 경상북도 청도군과 접한다.

157 淸道(청도): 경상북도 최남단에 있는 고을. 동쪽은 경주시, 서쪽은 경상남도 창녕군, 남쪽은 경상남도 밀양시, 북쪽은 대구광역시 달성군·경산시와 접한다.

158 大邱(대구): 경상북도 남부 중앙에 있는 고을. 북쪽은 칠곡군·군위군, 동쪽은 경산시·청도군, 남쪽으로 경상남도 창녕군, 서쪽으로 고령군·성주군과 접한다.

159 仁同(인동): 경상북도 구미 지역의 옛 지명.

160 善山(선산): 경상북도 서부, 중앙지대에 있는 고을. 구미시로 편입되었다.

161 長鬐(장기): 경상북도 포항시 지행면에 있는 고을. 북쪽은 구룡포읍·동해면, 서쪽은 오천읍, 남쪽은 경주시 문무대왕면·감포읍과 경계를 이루고 동쪽은 동해에 면한다.

162 機長(기장): 機張의 오기. 부산광역시 북동부에 있는 고을.

163 蔚山(울산): 경상남도 북동단에 있는 고을. 동쪽은 동해에 면하며, 서쪽은 경북 청도군과 밀양시·양산시, 남쪽은 부산 기장군, 북쪽은 경북 경주시와 접한다.

164 慶州(경주): 경상북도 남동단에 있는 고을. 북동쪽은 포항시, 서쪽은 영천시·청도군, 남쪽은 울산광역시 울주군, 동쪽은 동해에 면한다.

165 永川(영천): 경상북도 남동부에 있는 고을. 동쪽은 포항시·경주시, 서쪽은 경산시·대구광역시, 남쪽은 청도군, 북쪽은 군위군·청송군과 접한다.

166 新寧(신녕): 경상북도 영천시에 있는 고을. 동쪽은 노고산을 경계로 화산면, 서쪽은 연봉을 사이에 두고 군위군 산성면, 남쪽은 매산을 경계로 청통면·대구광역시, 북쪽은 화산·甲嶺 등을 경계로 군위군 삼국유사면과 접한다.

167 義興(의흥): 경상북도 군위군 북동부에 있는 고을. 남동쪽은 삼국유사면, 남서쪽은 우보면·산성면, 북쪽은 의성군과 접한다.

168 軍威(군위): 경상북도 중앙부에 있는 고을. 동쪽은 영천시, 서쪽은 구미시, 남쪽은 대구광역시·칠곡군, 북쪽은 의성군과 접한다.

169 比安(비안): 경상북도 의성 지역에 있는 고을. 동쪽은 안평면·봉양면, 서쪽은 구천면, 남쪽은 군위군 소보면, 북쪽은 안계면과 접한다.

宮[170]豊津[171], 出聞慶[172], 與中路兵合, 踰鳥嶺[173], 入忠州, 又分西路, 一趨禮州[174], 渡江由楊根[175], 渡龍津[176], 出京城, 一趨竹山[177]·龍仁, 出漢江之南, 一由金海[178], 從星州[179]茂溪[180]渡江, 歷知禮[181]·金山[182], 出淸州陷城, 向京城。旌旗劍槊, 千里相連, 炮聲

---

170 龍宮(용궁): 경상북도 예천군 중서부에 있는 고을. 동쪽은 개포면, 남쪽은 지보면, 서쪽과 북쪽은 금천을 경계로 문경시와 접한다.

171 豊津(풍진): 河豊津의 오기. 용궁의 남쪽에 있는 포구.

172 聞慶(문경): 경상북도 북서쪽에 있는 고을. 동쪽은 예천군, 서쪽은 소백산맥을 경계로 충청북도 괴산군, 남쪽은 상주시, 북쪽은 소백산맥을 경계로 충청북도 제천시·충주시와 접한다.

173 鳥嶺(조령): 경상북도 문경시 문경읍과 충청북도 괴산군 연풍면 사이에 있는 고개.

174 禮州(예주): 驪州의 오기. 경기도 남동에 있는 고을. 동쪽은 강원도 원주시·충북 충주시, 서쪽은 경기도 이천시·광주시, 남쪽은 충북 음성군, 북쪽은 경기도 양평군과 접한다.

175 楊根(양근): 경기도 양평군 중앙에 있는 고을.

176 龍津(용진): 楊根의 서쪽에 있는 포구. 漢江은 강릉부의 오대산 于筒에서부터 시작하여 충주 서북쪽에 이르러 安倉水(섬강)와 합하고 楊根郡 서쪽에 이르러 龍津과 합하며 광주 지경에 이르러 渡迷津이 되고 廣津(광나루)이 되고 三田渡가 되며 豆毛浦(두뭇개)가 되며 경성 남쪽에 이르러 漢江渡가 된다.

177 竹山(죽산): 경기도 안성과 용인에 걸쳐 있는 고을. 서쪽은 삼죽면·금광면, 북쪽은 일죽면·용인시 백암면, 동쪽은 충북 음성군 삼성면, 남쪽은 진천군 광혜원면과 접한다.

178 金海(김해): 경상남도 낙동강 하구의 서쪽에 있는 고을. 동쪽은 양산시·부산광역시, 서쪽은 창원시, 남쪽은 남해, 북쪽은 밀양시와 접한다.

179 星州(성주): 경상북도 남서쪽에 있는 고을. 동쪽은 낙동강을 경계로 대구광역시·칠곡군, 서쪽은 김천시·경상남도 합천군, 남쪽은 고령군, 북쪽은 김천시와 접한다.

180 茂溪(무계): 茂溪津. 《新增東國輿地勝覽》에 의하면, 성주목 남쪽 49리(약 19㎞) 지점에 있었던 나루이다. 그 동쪽에 茂溪驛이 있었다.

181 知禮(지례): 경상북도 金陵郡의 고을. 금릉군의 남부 낙동강의 지류 甘川 상류 좌안에 자리 잡은 산간 분지의 중심 도로 교통의 요충지이다.

相聞。十里或五六十里，據險設柵，以備之。

都元帥金命元，在濟川亭[183]，屢戰不利。公出戰斬十餘級，而不入上功之列。於是，京城無一人守禦者。

『징비록』 I -17

19. 파천길에서 개성 목청전에 두었던 종묘 신주 봉환함

5월 6일, 거가(車駕: 大駕)가 개성부(開城府)를 출발하여 흥의(興義)·금암(金巖)·평산(平山)을 지나서 보산역(寶山驛)에 이르렀다. 애초에 개성을 떠날 때 허둥지둥하느라 종묘 신주(宗廟神主)를 목청전(穆清殿)에 두고 왔었는데, 한 종실(宗室)이 울부짖으면서 고하기를, "종묘 신주를 적이 있는 곳에 내버려 두고 지금 어디로 가시렵니까?"라고 하였다. 주상 또한 깜짝 놀라 깨닫고 수상(首相: 崔興源)에게 묻기를, "누가 내달려 가서 종묘 신주를 받들어 모시고 돌아올 수가 있겠소?"라고 하니, 이항복(李恒福)이 아뢰어 말하기를, "황대중(黃大中)이 쓸 만한 사람으로 능히 적을 막아내고서 받들어 모시고 돌아올 것이옵니다."라고 하였다. 공(公)이 즉시 명을 받들어 그 종실(宗室)과 함께 내달려 가서 받들어 모시고 돌아왔는데, 어제저

182 金山(김산): 金泉. 경상북도 남서부에 있는 고을. 동쪽은 칠곡군·성주군, 서쪽은 충청북도 영동군·전라북도 무주군, 남쪽은 경상남도 거창군, 북쪽은 상주시·구미시와 접한다.

183 濟川亭(제천정): 조선시대 한강변에 위치했던 王室 소유의 정자. 주변의 아름다운 경치와 함께 사랑을 받았던 대표적인 정자이다. 보광동 강가 언덕 즉 한남대교 북쪽 어귀에서 서쪽으로 바라보이는 용산구 한남동 537번지 일대에 있었다.

녁에 떠나서 오늘 사시(巳時: 아침 10시 전후)에 돌아온 것이다. 주상(主上)이 가상히 여기고 감탄하여 자급(資級)을 올리려는데, 순식간에 군중(軍中)이 야단법석 놀라서 서로서로 이르기를, "적이 가까이 왔다, 적이 가까이 다가왔다."라고 하였다. 대가(大駕)가 문득 그로 인하여 떠났는데, 밤낮으로 내달려 평양(平壤)으로 들어갔다.

初六日, 車駕出開城府, 向[184]興義[185]·金巖[186]·平山[187], 次于寶山驛[188]。初發開城, 倉猝留宗廟神主于穆淸殿[189], 有一宗室, 呼哭告曰: "委廟主於賊所, 今欲何之?" 上亦驚悟, 問首相, 曰: "誰可馳往奉還者乎?" 李公恒福啓曰: "黃大中卽可人[190], 能當禦賊, 奉還而來." 公卽承命, 與其宗室, 馳往奉還, 得達行在, 盖昨夕發, 今巳時還。上嘉歎, 欲加陞資, 頃刻間, 軍中惹驚, 相謂曰: "賊近, 賊近!" 大駕輒因發, 夙夜馳入平壤。

『징비록』 I-17

---

184 向(향): 문맥상 過의 오기인 듯.

185 興義(흥의): 興義驛. 조선시대 황해도 지역의 역도 중 하나인 金郊道에 속한 역. 오늘날의 황해도 金川郡에 있었다.

186 金巖(금암): 金巖驛. 조선시대 황해도 지역의 역도 중 하나인 金郊道에 속한 역. 오늘날의 황해도 平山郡 金巖面에 있었다.

187 平山(평산): 황해도 남동쪽에 있는 고을. 동쪽은 금천군·신계군, 서쪽은 벽성군·재령군, 남쪽은 연백군, 북쪽은 봉산군·서흥군과 접한다.

188 寶山驛(보산역): 조선시대 황해도 平山에 있었던 역.

189 穆淸殿(목청전): 開城 崇仁門 안 安定坊에 있던 조선 太祖의 옛 집. 1418년 태종이 태조의 어진을 모실 사당을 짓고 殿直 2인을 두었으며, 임진왜란 때 소실되었다가 肅宗 때 閣을 중건하였다.

190 可人(가인): 쓸 만한 사람. 훌륭한 사람.

20. 신각의 승리와 억울한 죽음, 임진강 방어선 붕괴

부원수(副元帥) 신각(申恪)이 왜적과 양주(楊州)에서 싸워 왜적 60여 급(級)을 베었는데, 주상이 선전관(宣傳官)을 보내어 베어 죽이고 말았다. 도원수(都元帥) 김명원(金命元)이 임진(臨津)에 있다가 장계로 아뢰기를, "신각이 제멋대로 다른 곳으로 가고는 명령을 따르지 않는다."라고 한 것이었다. 이에 선전관을 이미 떠나보냈는데 승전의 소식이 나중에 이르자, 조정에서 즉시 사람을 보내어 처형을 중지시키도록 하였으나 미처 도착하지 못했기 때문에 신각은 베였으니 그의 죽음은 실로 아무런 죄가 없던 것이었다.

김명원(金命元)·한응인(韓應寅)이 임진(臨津)에서 패하였고, 별장(別將) 유극량(劉克良)·신할(申硈)이 죽었다.

副元帥申恪[191], 與賊戰于楊州[192], 斬首六十餘級, 而上遣宣傳

---

191 申恪(신각, ?~1592): 본관은 平山. 아버지는 申義忠이다. 무과에 급제하고 1574년 경상좌수사, 1576년에 경상우병사를 역임하였다. 1586년 강화부사를 거쳐 이듬해 경상도방어사가 되었다. 1592년 임진왜란이 일어나자 다시 기용되었으며 서울 수비를 위하여 守城大將 李陽元 휘하의 中衛大將에 임명되었고, 다시 도원수 金命元 휘하의 부원수로서 한강을 지켰다. 이때 김명원은 임진에 가 있었으므로 留都大將 이양원을 따라 양주에 가서 흩어진 군졸들을 수습하고 함경도병마사 李渾의 원군과 합세하여, 양주 蟹踰嶺에서 일본군을 크게 무찔렀다. 그 결과 적의 머리 70級을 베었는데 이것은 왜란 초기 처음 있는 승첩이었다. 그런데 이 무렵 이양원이 산골에 숨어 있어 소식이 끊겼는데, 신각이 명령을 따르지 않고 이양원을 따라 도망쳤다는 내용의 狀啓가 올려져 당시 우의정 兪泓에 의해 참형을 당하였다. 이날 오후 양주에서 다시 첩보가 도착하여 왕이 신각을 죽이지 말라고 선전관을 뒤따라 보냈으나, 이미 처형된 뒤였다.

192 楊州(양주): 경기도 중북부에 있는 고을. 동쪽은 포천시, 서쪽은 파주시·고양시, 남쪽은 고양시·서울특별시, 북쪽은 연천군·동두천시와 접하고 있다.

官, 斬之。蓋都元帥金公命元, 在臨津啓: "恪擅自他適, 不從令." 於是, 宣傳官旣行, 而報捷後至, 朝廷卽遣人, 止之未及, 故斬恪, 恪之死, 實非其罪。金命元·韓應寅[193], 敗績于臨津, 別將劉克良·申硈[194]死之。

『징비록』 I-19, 20

193 韓應寅(한응인, 1554~1614): 본관은 淸州, 자는 春卿, 호는 百拙齋·柳村. 1576년 사마시에 합격하고, 다음해 謁聖文科에 급제, 注書·예조좌랑·병조좌랑·持平을 지내고, 1584년 宗系辨誣奏請使의 서장관으로 명나라에 다녀왔다. 1588년 신천군수로 부임하여, 이듬해 鄭汝立의 모반사건을 적발하여 告變, 그 공으로 호조참의에 오르고 승지를 역임하였다. 1591년 예조판서가 되어 진주사로 재차 명나라에 가서 이듬해 돌아왔다. 임진왜란이 일어나자 八道都巡察使가 되어 요동에 가서 명나라 援軍의 출병을 요청하고, 接伴官으로 李如松을 맞았다. 이듬해 請平君에 봉해지고, 서울이 수복되자 호조판서가 되었다. 1595년 주청사로 명나라에 다녀오고, 1598년 우찬성에 승진, 1605년 府院君에 진봉되고, 1607년 우의정에 올랐다. 1608년 선조로부터 遺敎七臣의 한 사람으로 永昌大君의 보호를 부탁받았으며, 1613년 癸丑獄事에 연루되어 관작이 삭탈당하였다가 후에 신원되었다.

194 申硈(신할, 1548~1592): 본관은 平山. 申砬의 동생. 1589년 경상도 좌병사가 되어 활동하였다. 임진왜란이 일어나자 함경도 병사가 되어 선조의 몽진을 호위함으로써 그 공을 인정받아 좌승지 閔濬, 병조판서 金應南, 대사헌 尹斗壽 등의 추천으로 경기수어사 겸 남병사에 임명되었다. 이후 막하의 劉克良, 이빈, 李薦, 邊璣를 亞將으로 삼고 도원수 金命元과 병사를 이끌고서 임진강을 지키며 적과 대치하였다. 9일 동안 적과 대치하던 신할과 그의 병사들은 당시 도순찰사였던 韓應寅의 병력을 지원받아 작전을 세우고 심야에 적진을 기습하였으나 복병이 나타나 그 자리에서 순절하였다.

21. 함경도로 왜적 침입, 두 왕자가 사로잡힘

왜적이 함경도(咸境道)로 들어왔다. 왜학통사(倭學通事) 함정호(咸廷虎)가 적장 청정(淸正: 가등청정)에게 사로잡혔다가 도망쳐 돌아와서 상세히 보고하기를, "두 왕자 및 시종신(侍從臣) 김귀영(金貴榮)·황정욱(黃廷彧)·황혁(黃赫)과 함경도 감사(咸境道監司) 류영립(柳永立)·북병사(北兵使) 한극함(韓克諴) 등이 모두 사로잡혔습니다."라고 하였다.

賊入咸境道。倭學通事咸廷虎, 爲賊將淸正所執, 逃還詳報曰: "兩王子及從臣金貴榮·黃廷彧·黃赫, 咸鏡監司柳永立[195]·北兵使韓克諴[196]等, 皆被執."云。

『징비록』 I-21

---

195 柳永立(류영립, 1537~1599): 본관은 全州, 자는 立之. 1582년 종성부사가 되었다. 이듬해 尼蕩介의 난으로 1만여 명의 야인이 침입하자, 우후 張義賢, 판관 元喜 등과 이를 막으려 하였으나 성이 함락되었고, 그 책임으로 하옥되었다. 곧 풀려나 승지·개성유수를 거쳐 1586년 경상도관찰사, 1588년 전라도관찰사, 1591년 함경도관찰사를 역임하고 이듬해 강원도관찰사가 되었다. 이때 임진왜란이 일어나자 산 속으로 피신하였다가 加藤淸正 휘하의 왜군에게 포로가 되었다. 뇌물로 매[鷹]를 바치고 탈출하였으나, 국위를 손상시켰다는 이유로 대간의 탄핵을 받고 파직 당하였다.

196 韓克諴(한극함, ?~1593): 慶源府使를 거쳐, 1592년 임진왜란 때 함경북도병마절도사로 海汀倉에서 加藤淸正의 군사와 싸웠다. 이때 전세가 불리하자 臨海君과 順和君 두 왕자를 놓아둔 채 단신으로 오랑캐마을 西水羅로 도주하였다가, 도리어 그들에게 붙들려 경원부로 호송, 가토의 포로가 되었다. 앞서 포로가 된 두 왕자 및 그들을 호행하였던 대신 金貴榮·黃廷彧 등과 다시 안변으로 호송되었다가 이듬해 4월 일본군이 서울을 철수할 때 허술한 틈을 타서 단신으로 탈출, 高彦伯의 軍陣으로 돌아왔으나 처형당하였다.

22. 이일이 충주에서 패하고 평양으로 쫓겨옴

이일(李鎰)이 충주(忠州)에서 패하고 강을 건너 강원도(江原道)로 들어가 이리저리 옮겨 다니다가 행재소(行在所)에 이르렀다. 맨발로 몸을 빠져나왔는데, 평량자(平涼子: 패랭이)를 쓰고 흰 베적삼을 입고 짚신을 신고 왔는데, 공(公)의 말을 보고는 빼앗으려고 하였다. 이항복(李恒福)·류성룡(柳成龍)이 이일(李鎰)을 붙잡고서 만류하여 말하기를, "황대중(黃大中)은 효건(孝蹇)이기 때문에 잘 걷지 못하여 단지 이 말에만 의지하는데, 하물며 어제 목청전(穆淸殿)에까지 내달려 가서 종묘 신주(宗廟神主)를 받들어 모시고 제자리로 돌아와서 중한 것이 저쪽에 있으니 마음대로 빼앗아서는 아니 되오."라고 하자, 이일이 곧 그만두었다.

李鎰, 敗忠州, 渡江◇[197]原道, 輾轉至行在。脫身跣足, 戴平涼子[198], 穿白布衫, 草履而來, 見公之馬, 欲脫之。李公恒福·柳公成龍, 持止之曰: "黃大中, 以孝蹇不善步[199], 只賴此馬, 而況昨

---

197 江이 누락된 듯.

198 平涼子(평량자): 패랭이. 역졸이나 보부상 같이 천한 사람이나 喪中에 있는 사람이 쓰는 모자이다.

199 以孝蹇不善步(이효건불선보): 《日省錄》 1795년 5월 22일자의 〈호남 암행어사 鄭晩錫이 복명하여, 重熙堂에서 召見하였다〉에 "강진의 故 參奉 黃大中은 翼成公 黃喜의 5대손입니다. 부모가 병이 났을 때에 허벅지 살을 베어 달여 드려서 효험을 보았지만 그 일로 왼쪽 다리를 절게 되어 사람들이 '孝蹇'이라고 불렀습니다. 임진년(1592)에 난리를 당하자 쇠를 제련하여 강철을 만들고 또 산 밑에서 말 한 필을 얻어 타고는 평양까지 쫓아가 호종하였고, 계사년(1593)에는 통제사 李舜臣의 종사관이 되어 晉州전투에 참여하여 뛰어난 공을 많이 세웠습니다. 그때 적의 탄환에 맞아 또 오른쪽 다리가 부러졌으므로 세상에서는 또 '忠蹇'이

日, 馳往穆淸殿, 奉廟主安還, 所重在彼, 不可任奪." 李鎰乃止。

『징비록』 I-22

23. 평조신의 서신 도착, 이덕형의 책망

왜적이 대동강(大同江)의 동안(東岸)에 이르자, 평조신(平調信)·현소(玄蘇)가 예조 판서(禮曹判書) 이덕형(李德馨)에게 서신을 보내와 이르기를, "일본이 길을 빌어 중원(中原: 당시 명나라)에 조공(朝貢)하려고 하니, 한 가닥의 길을 빌려주길 원하오이다."라고 하였다. 이덕형은 지난날의 약속 저버린 것을 책망하고 또 군사를 물리라고 하였다. 왜적은 바로 임진(臨津: 東岸의 오기인 듯)에 대거 진(陣)을 쳤다.

賊至大同江[200]東岸, 平調信·玄蘇, 上書于禮曹判書李公德馨[201],

라고 불렀습니다. 뒤에 南原 전투에 참여하여 힘껏 싸우다가 殉節하였는데, 죽을 때에 다른 사람에게 검을 주면서 '이 칼로 왜적 천 명을 찌른 다음 내 시체를 염하여 내 말에 실어 주면 말이 혼자 돌아갈 것이다.'라고 하였는데, 과연 그 말[言]대로 말이 혼자 300리를 걸어서 그의 집으로 돌아갔습니다. 고 相臣 李敬輿와 李畬, 그리고 중신 徐渻과 李明漢 등 여러 사람이 모두 그 충효를 드러내어 찬탄한 기록이 있어 이 일을 징험할 수 있습니다. 그러나 해가 오래되면서 사실이 희미해져 포상하는 은전을 입지 못하였으니 실로 聖朝에 흠이 되는 일입니다."라고 한 기록이 있음. 그리고 《정조실록》 1795년 5월 28일자 4번째 기사에서 황대중에게 정려해준 기록이 있다.

200 大同江(대동강): 평안남도 북동부 낭림산맥의 서쪽에서 발원하여 남서쪽으로 흐르다가 남포 부근에서 서해로 흘러드는 강.

201 李公德馨(이공덕형): 李德馨(1561~1613). 본관은 廣州, 자는 明甫, 호는 雙松·抱雍散人·漢陰. 1592년 임진왜란 때 북상중인 왜장 고니시[小西行長]가 충주에서 만날 것을 요청하자, 이를 받아들여 單騎로 적진으로 향했으나 목적을 이루지 못하였다. 왕이 평양에 당도했을 때 왜적이 벌써 대동강에 이르러 화의를 요청하자,

曰: "日本欲借路, 朝貢中原, 願借一路." 德馨責以負約, 且令退兵。賊乃大擧結陣臨津。

『징비록』 Ⅰ-23

24. 대가가 떠나고 평양성 함락

6월 16일, 거가(車駕: 大駕)가 평양(平壤)을 떠나 영변(寧邊)으로 향하였다. 밤중이 되어서 가산(嘉山)에 들었는데, 통천 군수(通川郡守: 鄭逑)가 음식물을 보냈다.

평양이 함락되었을 때 참지(參知) 황정식(黃廷式, 협주: 공의 9촌 조카)이 나가 싸우다가 죽었다. 공(公)이 그 시신을 수습하고자 했으나, 적에게 공격을 당하여 수습할 수가 없었다. 이때 왜적의 한 장수가 앞으로 돌진하여 공(公)의 말[馬]을 해하려고 하자, 말이 그 왜적을 짓밟고 물어뜯었고 공(公)도 말 위에서 그를 공격하여 베었다.

六月十六日, 車駕出平壤, 向寧邊[202]。夜入嘉山[203], 通川郡

단독으로 겐소와 회담하고 대의로써 그들의 침략을 공박했다 한다. 그 뒤 정주까지 왕을 호종했고, 請援使로 명나라에 파견되어 파병을 성취시켰다. 돌아와 대사헌이 되어 명군을 맞이했으며, 이어 한성판윤으로 명장 李如松의 接伴官이 되어 전란 중 줄곧 같이 행동하였다. 1593년 병조판서, 이듬해 이조판서로 훈련도감당상을 겸하였다. 1595년 경기·황해·평안·함경 4도체찰부사가 되었으며, 1597년 정유재란이 일어나자 명나라 어사 楊鎬를 설복해 서울의 방어를 강화하였다. 그리고 스스로 명군과 울산까지 동행, 그들을 慰撫하였다. 그해 우의정에 승진하고 이어 좌의정에 올라 훈련도감도제조를 겸하였다. 이어 명나라 제독 劉綎과 함께 순천에 이르러 통제사 李舜臣과 함께 적장 고니시의 군사를 대파하였다.

202 寧邊(영변): 평안북도 영변과 안주의 일부 지역에 걸쳐 있는 고을. 동쪽은 평안남도 영원군, 서쪽은 박천군·태천군, 남쪽은 묘향산맥을 경계로 평안남도 안주

守[204]送物膳。平壤陷，參知黃廷式[205]，出戰死之。【公之九寸姪】公欲收拾其尸身，爲賊所突未果。時一酋賊突前，欲害公之馬，蹴踏嚙喫之，公於馬上，擊斬之。

『징비록』 Ⅰ-24

25. 대가가 의주에 도착, 명나라 구원병도 도착

대가(大駕)가 의주(義州)에 이르렀다. 명나라 장수인 참장(參將) 대모(戴某)와 유격장군(遊擊將軍) 사유(史儒)가 각기 한 부대의 병사들을 거느리고 평양(平壤)으로 향하다가 임반역(林畔驛)에 이르러 평양이 함락되었다는 소식을 듣고 의주로 돌아와 머물렀다. 명나라 조정에서 군사들에게 주는 은(銀) 2만 냥을 내주었는데, 당장(唐將: 명나라 장수)이 그것을 지니고서 의주에 도착하였다.

군·개천군·덕천군, 북쪽은 운산군·희천군과 접한다.

203 嘉山(가산): 평안북도 박천 지역에 있는 고을.

204 通川郡守(통천군수): 鄭逑(1543~1620)를 가리킴. 본관은 淸州, 자는 道可, 호는 寒岡. 1580년 비로소 昌寧縣監으로 관직생활을 시작하였다. 1584년 同福縣監을 거쳤다. 1592년 임진왜란이 일어나자 通川郡守로 재직하면서 의병을 일으켜 활약하였다. 1593년 선조의 형인 河陵君의 시체를 찾아 장사를 지낸 공으로 당상관으로 승진한 뒤 우부승지, 장례원판결사·강원도관찰사·형조참판 등을 지냈다. 1603년《南冥集》을 편찬하는 과정에서 鄭仁弘이 이황과 李彦迪을 배척하자 그와 절교하였다. 1608년 臨海君의 역모사건이 있자 관련자를 모두 용서하라는 소를 올리고 대사헌직을 그만두고 귀향하였다.

205 黃廷式(황정식, 1529~1592): 본관은 장수(長水). 자는 경중(景中). 黃廷彧의 형이다. 1580년 삼척부사 및 파주목사를 거쳐 1587년 우부승지에 제수되었으며, 곧 승지에 올랐다. 1592년 임진왜란이 발발하자 그 해 5월 강원도로 의병을 모집하기 위해 떠났다가 다시 돌아와 선조를 호종하다가 평양전투에서 전사하였다.

大駕向[206]義州[207]。天將參將戴某·遊擊將軍史儒[208], 各領一枝兵, 向平壤, 至林畔驛[209], 聞平壤陷, 還駐義州。自天朝, 賜犒軍銀二萬兩, 唐將領, 到義州。

『징비록』 I-27

26. 명나라 구원병 평양성에서 패전

6월 19일, 유격장(遊擊將) 사유(史儒)가 평양(平壤)에서 전사하였고, 조승훈(祖承訓)이 남은 병사들을 이끌고 순안(順安)·숙천(肅川)을 지나갔다.

十九日, 史遊擊戰死平壤, 祖承訓[210]引餘兵, 過順安[211]·肅川[212]。

『징비록』 I-29

---

206 向(향): 문맥상 至의 오기인 듯.

207 義州(의주): 평안북도 북서부에 있는 고을. 동쪽은 삭주군·천마군, 남쪽은 피현군, 서쪽은 신의주시, 북쪽은 압록강을 국경으로 중국의 둥베이 지방[東北地方: 滿洲]과 대한다.

208 史儒(사유, ?~1592): 명나라의 요동성 유격대장. 문무를 겸비한 무장이었다. 일찍부터 비적들을 물리치는 등 전공을 세웠다. 임진왜란이 발발하자 조선을 원조하러 왔다가 평양성에서 전사했다.

209 林畔驛(임반역): 조선시대 평안도 宣川에 있던 역. 임반역을 포함하여 한양과 의주를 잇는 교통로 상의 역 중 평안도 지역에 있던 역들은 모두 大同道의 소속이었다.

210 祖承訓(조승훈): 임진왜란 때 명에서 파견된 장군 가운데 하나. 파병 당시 직위는 摠兵. 1592년 7월에 기마병 3천을 거느리고 평양을 공격하게 하였으나 이기지 못한 채 퇴각하여 요동으로 되돌아갔다. 그 뒤 12월에 다시 부총병 직위로 이여송 군대와 함께 다시 와서 평양성을 수복한다.

211 順安(순안): 평안남도 서북부의 平原 지역에 있는 고을.

212 肅川(숙천): 평안남도 서북부의 平原 지역에 있는 고을.

27. 이순신 왜적 격파, 한산도에 주둔

이보다 앞서 평행장(平行長: 小西行長)이 평양에 도착하여 서찰을 보내어 말하기를, "일본(日本)의 주사(舟師: 수군) 10여만 명이 또 서해(西海)를 따라서 올 것이오."라고 하였다. 전라도 수군절제사(全羅道水軍節制使) 이순신(李舜臣)이 삼도(三道: 경상도·전라도·충청도)의 수군을 거느리고 한산(閒山)·노량(露梁) 등지의 포구에 주둔하여 왜적이 서해로 올라오는 길을 막았다.

先是, 平行長[213]到平壤, 投書曰: "日本舟師十餘萬, 又從西海來."云。全羅道水軍節制李公舜臣, 以三道[214]舟師, 留屯閒山[215]·

---

213 平行長(평행장): 小西行長. 고니시 유키나가. 고니시 유키나가는 오다 노부나가가 사망한 혼노지의 변란 이후로 히데요시를 섬기면서 아버지 류사와 함께 세토나이 해의 군수물자를 운반하는 총책임이 되었다. 1588년 히데요시의 신임을 얻어 히고노쿠니 우토 성의 영주가 되었으며 1592년 임진왜란 때는 그의 사위인 대마도주 소 요시토시와 함께 1만 8,000명의 병력을 이끌고 제1진으로 부산진성을 공격하였다. 조선의 정발 장군이 지키는 부산포 성을 함락하고 동래성을 함락시켰다. 이후 일본군의 선봉장이 되어 대동강까지 진격하였고 6월 15일에 평양성을 함락하였다. 그러나 1593년 명나라 장수 이여송이 이끄는 원군에게 패하여 평양성을 불 지르고 서울로 퇴각하였다. 전쟁이 점차 장기화 되고 명나라를 정복할 가능성이 희박해지자 조선의 이덕형과 명나라 심유경 등과 강화를 교섭하였으나 실패하였다. 1596년 강화교섭이 최종 실패로 끝나자 1597년 정유재란 때 다시 조선으로 쳐들어왔으며 남원성 전투에서 조선과 명나라 연합군을 격퇴하고 전주까지 무혈 입성하였으며 순천에 왜성을 쌓고 전라도 일대에 주둔하였다. 1598년 도요토미 히데요시가 사망하고 철군 명령이 내려지자 노량해전이 벌어지는 틈을 이용해서 일본으로 돌아갔다.

214 三道(삼도): 경상도, 전라도, 충청도를 일컬음.

215 閒山(한산): 閑山島. 경상남도 통영시 한산면에 있는 섬 이름. 임진왜란 때인 1592년 7월에 李舜臣 장군이 한산도 앞바다에서 일본의 함선 60여 척을 침몰시켜 크게 이긴 곳이다.

露梁[216]等浦口, 以遏賊西上之路。

『징비록』 I-30

28. 전주 방어전, 웅치에서의 용전

7월, 호남 의병장(湖南義兵將) 고경명(高敬命)이 금산(錦山)에서 죽음으로 절개를 지켰고, 김제 군수(金堤郡守) 정담(鄭湛)·해남 현감(海南縣監) 변응정(邊應井)도 왜적이 전주(全州)로 들어오자 웅령(熊嶺: 熊峙)에서 목책(木柵)을 만들어 산길을 가로질러 끊어놓고 전투를 독려하다가 죽었다. 여러 군사가 크게 무너졌고, 전사자가 매우 많았다. 본도(本道: 전라도) 감사(監司) 이광(李洸) 또한 왜적의 침입을 막았다.

왜적들이 돌아가다가 웅령의 죽은 자의 시신을 거두어 모아서 길가에 묻어 몇 개의 큰 무덤을 만들고는 나무를 세워 써놓기를, "조선(朝鮮)의 충간의담(忠肝義胆)을 조문(弔問)하노라."라고 하였으니, 대체로 그들의 죽음을 가상히 여긴 것이었다. 이로 말미암아 전라도 한 도(道)만은 온전할 수 있었다.

七月, 湖南義兵將高敬命, 死節於錦山, 金堤郡守鄭湛·海南縣監邊應井, 入全州, 熊嶺[217]爲木柵, 橫斷山路, 督戰死之。諸軍大

216 露梁(노량): 경상남도 南海島와 河東 사이에 있는 나루터. 그런데 《징비록》에 없는 글자일 뿐만 아니라 이순신이 정유재란 때 왜적의 퇴로를 막고 섬멸시키다가 전사한 곳이므로, 원전에 착종이 있다.

217 熊嶺(웅령): 熊峙. 전라북도 진안군 부귀면 세동리 덕봉 마을에서 완주군 소양

潰, 死者甚多。本道監司李洸又禦之。賊去, 收聚熊嶺死尸, 埋路邊, 作數大塚, 立木, 書曰: "吊朝鮮忠肝義胆." 盖嘉其死。由是, 一道得全。

『징비록』 I-32

29. 명나라 심유경이 왜적에게 강화책 제시

8월, 호서 의병장(湖西義兵將) 조헌(趙憲)이 금산(錦山)에서 죽음으로 절개를 지켰다. 천조(天朝: 명나라) 유격장군(遊擊將軍) 심유경(沈惟敬)이 왔다. 조승훈(祖承訓)이 이미 패하고 난 뒤라서 왜적이 더욱 교만해져 서찰을 우리 군대에 보내왔는데 '양 떼가 호랑이 한 마리를 공격한다.'라는 말이 있었으니, 대체로 양(羊)은 천병(天兵: 명나라 병사)을 비유한 것이고 호랑이는 자신들을 의탁한 것이었다. 심 유격(沈遊擊)이 혼자 말을 타고 적중(賊中)에 가서 직접 만나고 약속하여 말하기를, "내 돌아가서 황조(皇朝: 명나라 조정)에게 보고하면 마땅히 처분이 있을 것이니, 50일을 기한으로 삼아 왜인들은 성 밖으로 10리를 나가 약탈하지 말 것이며, 우리나라 사람들[朝鮮人] 또한 80리 안에서 그들과 싸우지 말 것이다."라고 하였다. 곧이어 그곳의 경계에 나무를 세워 금표(禁標: 출입 엄금의 표시)를 만들어 놓고 가니, 평행장(平行長: 소서행장)·현소(玄蘇) 등은 모두 그 뜻을 헤아릴 수가 없었다.

면 신촌리로 넘어가던 옛 고개.

八月, 湖西義兵將趙憲[218], 死節於錦山。天朝遊擊將軍沈惟敬[219]來。祖承訓旣敗, 賊愈驕, 投書我軍, 有羣羊攻虎之語, 盖羊喩天兵, 虎以自託也。遊擊以單騎往賊中, 面約曰: "吾歸報皇朝, 當有處分, 以五十日爲限, 而倭衆毋得出城外十里槍掠, 我國人

---

218 趙憲(조헌, 1544~1592): 본관은 白川, 자는 汝式, 호는 重峯·陶原·後栗. 1592년 임진왜란이 일어나자 옥천에서 의병을 일으켜 영규 등 승병과 합세해 청주를 탈환하였다. 이어 전라도로 향하는 왜군을 막기 위해 금산전투에서 분전하다가 의병들과 함께 모두 전사하였다.

219 沈惟敬(심유경): 임진왜란이 발생했을 때 조선·일본·명 3국 사이에 강화회담을 맡아 진행하면서 농간을 부림으로써 결국 정유재란을 초래한 인물. 1592년 임진왜란이 발생했을 때 명나라의 병부상서 石星에 의해 遊擊將軍으로 발탁되어 遼陽副摠兵 祖承訓이 이끄는 援軍 부대와 함께 조선에 왔다. 1592년 8월 명나라 군이 평양에서 일본군에게 패하자, 일본장수 고니시 유키나가[小西行長]와 강화 회담을 교섭한 뒤 쌍방이 논의한 강화조항을 가지고 명나라로 갔다가 돌아오기로 약속했다. 그러던 중 1593년 1월 명나라 장수 李如松이 평양에서 일본군을 물리치자 화약은 파기되었다. 하지만 곧 이어 명군이 벽제관전투에서 일본군에게 패하게 되면서 명나라가 다시 강화 회담을 시도함에 따라 심유경은 일본진영에 파견되었다. 이후 그는 명과 일본 간의 강화 회담을 5년간이나 진행하게 되었다. 그는 고니시와 의견 절충 끝에 나고야[名護屋]에서 도요토미 히데요시[豊臣秀吉]를 만났는데, 도요토미는 명나라에 대해 명나라의 황녀를 일본의 후비로 보낼 것, 명이 일본과의 무역을 재개할 것, 조선 8도 중 4도를 할양할 것, 조선왕자 및 대신 12명을 인질로 삼게 할 것 등을 요구했다. 이에 심유경은 이러한 요구가 명나라에서 받아들여지지 않을 것으로 생각하고, 일본의 요구 조건을 거짓으로 보고했다. 즉 도요토미를 일본의 왕으로 책봉해 줄 것과, 명에 대한 朝貢을 허락해 줄 것을 일본이 요구했다고 본국에 보고했다. 명나라는 이를 허락한다는 칙서를 보냈으나 두 나라의 요구 조건이 상반되자 강화 회담은 결렬되었고, 결국 일본의 재침입으로 1597년 정유재란이 발생했다. 그의 거짓 보고는 정유재란으로 사실이 탄로되었으나 石星의 도움으로 화를 입지 않고 다시 조선에 들어와 화의를 교섭하다가 실패하였다. 이에 심유경은 일본에 항복할 목적으로 경상도 宜寧까지 갔으나 명나라 장수 楊元에게 체포되어 사형당하였다.

亦毋八十里內與之爭戰." 乃於地界, 立木爲標而去, 平行長·玄蘇等, 皆莫測其意。

『징비록』 I-34

30. 경기감사 심대의 죽음

경기 감사(京畿監司) 심대(沈岱)가 삭녕(朔寧)에 있다가 적에게 살해를 당하였는데, 왜적이 그의 머리를 길거리에 매달아 놓아 50일이 되었는데도 그 얼굴빛이 산 사람과 같았다. 경기도 사람들이 그 머리를 지키고 있는 왜적에게 재물을 뇌물로 주고서 속환(贖還)하여 함에 넣어 강화도(江華島)로 보내었다가 그 시신과 함께 장사지냈다.

京畿監司沈岱[220], 在朔寧[221], 爲賊所害, 懸其首於街上, 五十日而面色如生。京畿人, 賂財物於守倭, 贖出函送江華[222], 與尸俱葬。

『징비록』 I-35

---

220 沈岱(심대, 1546~1592): 본관은 青松, 자는 公望, 호는 西墩. 1572년 춘당대문과에 급제, 홍문관에 들어가 正字·박사·修撰을 지내고, 1584년 持平에 이르렀다. 1592년 임진왜란이 일어나자 輔德으로서 근왕병 모집에 힘썼다. 그 공로로 왕의 신임을 받아 우부승지·좌부승지를 지내며 승정원에서 왕을 가까이에서 호종하였다. 왜군의 기세가 심해지면서 宣祖를 호종하여, 평양에서 다시 의주로 수행하였다. 같은 해 9월 權徵의 후임으로 경기도관찰사가 되어 서울 수복작전을 계획하였다. 도성민과 내응하며 朔寧에서 때를 기다리던 중, 왜군의 야습을 받아 전사하였다.

221 朔寧(삭녕): 경기도 연천군 북서부에 있던 고을.

222 江華(강화): 江華島. 우리나라에서 4번째로 큰 섬으로 강화군의 主島. 경기만 북쪽의 한강 하구에 있으며, 동쪽의 鹽河를 사이에 두고 경기도 김포시와 접한다.

31. 경상좌병사 박진이 비격진천뢰 사용

경상 좌병사(慶尙左兵使) 박진(朴晉)이 화포장(火炮匠) 이장손(李長孫)에게 비격진천뢰(飛擊震天雷)를 처음으로 만들도록 하였는데, 능히 5, 6백 보를 날아갈 수 있어서 성안으로 들여보내 떨어지니 왜적들이 모여 구경하였다. 갑자기 불이 일어나면서 포(炮)가 가운데로부터 폭발하여 쇳조각이 별처럼 부서졌는데, 이를 맞고 즉사한 자가 30여 명 되니 왜적들이 가장 이 무기를 두려워하였다.

慶尙左兵使朴晉[223], 使火炮匠李長孫[224], 創出飛擊震天雷[225],

---

223 朴晉(박진, ?~1597): 본관은 密陽, 자는 明甫, 시호는 毅烈. 밀양 부사였을 때 임진왜란이 일어나자 李珏과 함께 蘇山을 지키다가 패하여 성안으로 돌아왔다가, 적병이 밀려오자 성에 불을 지르고 후퇴했다. 이후 경상좌도 병마절도사로 임명되어 나머지 병사를 수습하고, 군사를 나누어 소규모의 전투를 수행하여 적세를 저지하였다. 1592년 8월 영천의 민중이 의병을 결성하고 永川城을 근거지로 하여 안동과 상응하고 있었던 왜적을 격파하려 하자, 별장 權應銖를 파견, 그들을 지휘하게 하여 영천성을 탈환하였다. 이어서 안강에서 여러 장수들과 회동하고 16개 邑의 병력을 모아 경주성을 공격하였으나 복병의 기습으로 실패하였다. 그러나 한 달 뒤에 군사를 재정비하고 飛擊震天雷를 사용하여 경주성을 다시 공략하여 많은 수의 왜적을 베고 성을 탈환하였다. 이 결과 왜적은 상주나 서생포로 물러나지 않을 수 없었고, 영남지역 수십 개의 읍이 적의 초략을 면할 수 있었다. 1593년 督捕使로 밀양·울산 등지에서 전과를 올렸고, 1594년 2월 경상우도 병마절도사, 같은 해 10월 순천부사, 이어서 전라도 병마절도사, 1596년 11월 황해도 병마절도사 겸 황주 목사를 지내고 뒤에 참판에 올랐다.

224 李長孫(이장손, 생몰년 미상): 조선시대 임진왜란 때 '비격진천뢰'라는 포탄을 개발한 기술자. 軍器寺에 소속된 火砲匠으로서 임진왜란이 일어나자 飛擊震天雷라는 포탄을 만들어 공을 세웠다.

225 飛擊震天雷(비격진천뢰): 조선 선조 때 군기시 화포장 이장손이 발명한 조선의 화약 무기. 화포에서 발사되어 날아가 터지는 작렬포의 일종으로, 시한폭탄과 마찬가지로 발화장치가 있어 폭발 시간을 조절할 수 있다는 점이 특징이다.

能至五六百步，入墮城中，倭聚觀之。俄頃，火出炮中而發，鐵片如星碎，中者卽死，三十餘人，賊㝡畏此物。

『징비록』 Ⅰ-38

32. 명나라 구원병 평양성 수복

12월, 천조(天朝: 명나라 조정)가 대규모 군사를 일으켰는데, 병부우시랑(兵部右侍郎) 송응창(宋應昌)을 경략(經略)으로 삼고, 병부원외랑(兵部員外郎) 유황상(劉黃裳)·주사(主事: 병부주사) 원황(袁黃)을 찬획(贊畫)으로 삼아 요동(遼東)에 와서 주둔하게 하고, 제독(提督) 이여송(李如松)을 대장(大將)으로 삼아 삼영장(三營將)인 이여백(李如栢: 李如柏의 오기)·장세작(張世爵)·양원(楊元) 및 남방 출신 장수인 낙상지(駱尙志)·오유충(吳惟忠)·왕필적(王必迪) 등을 거느리게 하여 강(江: 압록강)을 건너오니, 병사의 수가 4만여 명이었다.

이보다 앞서 심 유격(沈遊擊: 심유경)이 이미 떠난 뒤에 왜적은 군사를 거두어 움직이지 않았는데, 이미 약속한 50일이 지나고 나자 심유경(沈惟敬)이 또 와서 평양성으로 다시 들어갔다. 천병(天兵: 명나라 군대)이 안주(安州)에 이르러 안주성 남쪽에 진영(陣營)을 설치하니, 군대의 깃발과 병장기들이 정제되고 엄숙하여 신병(神兵) 같았다. 이 제독(李提督: 이여송)이 부채 앞면에다 시를 써서 우리나라의 여러 상공(相公)에게 주니 모두 화답하였고, 공(公) 또한 화답하였다.【협주: 원집(原集)을 보라.】 제독(提督: 이여송)은 부총병(副摠兵) 사대수(査大受)에게 순안(順安)에 가서 왜적을 속이라고 하여, “천조

(天朝: 명나라 조정)에서는 이미 화친(和親)을 허락하여 심 유격이 다시 왔다."라고 말하였다. 현소(玄蘇) 등이 매우 기뻐하며 시를 지어 바쳤는데, "부상(扶桑: 일본)에 전쟁이 멈추고 중국을 섬기니, 사해와 구주가 모두 한집안이 되었네. 기쁜 소식은 홀연히 천하 밖을 깨끗하게 하고, 천지에 이른 봄 태평 꽃이 피었네."라고 하였다. 곧 계사년(1593) 정월이었다.

왜적은 그들의 소장(小將) 평호관(平好官: 다케노우치 기치베)에게 안주(安州)에 나아가서 심 유격을 맞이하게 하였다. 사 총병(查總兵: 사대수)은 그들과 머물며 술을 마시다가 복병을 일으켜 그들을 닥치는 대로 쳐서 평호관을 사로잡아 베어 죽였다. 이후로 천조(天朝: 명나라)의 군대가 대규모로 이르렀다. 이튿날 제독(提督: 이여송)이 나아가 평양(平壤)을 포위하고 보통문(普通門)·칠성문(七星門)을 공격하자, 왜적이 성 위로 올라가서 붉은 깃발과 흰 깃발을 벌여놓고 항전하였다. 천병(天兵: 명나라 군사)이 대포와 불화살로 공격하니, 대포 소리는 땅을 진동시켜 수십 리 떨어진 산악이 모두 흔들렸고, 불화살이 공중에 펼쳐지자 화약 연기가 하늘을 덮었고, 불화살이 성안에 들어가 곳곳에서 불이 일어나 나무들까지 모두 태웠다. 낙상지(駱尚志)·오유충(吳惟忠) 등이 내성(內城)에서 힘껏 싸우니, 왜적들이 토벽(土壁: 흙벽)에 구멍들을 많이 뚫어놓은 것에 의지해 구멍을 통하여 총알을 쏘아대어 천병(天兵: 명나라 군사)들이 많이 다쳤다.

十二月, 天朝大發兵, 以兵部右侍郎宋應昌[226]爲經略, 兵部員外

---

226 宋應昌(송응창, 1536~1606): 명나라 장수. 임진왜란 당시 1592년 12월 명군의

郎劉黃裳[227]·主事袁黃[228]爲贊畫, 來駐遼東[229], 以提督李如松[230]爲大將, 率三營將李如栢[231]·張世爵[232]·楊元[233]及南將駱尙志[234]·

지휘부, 경략군문 병부시랑으로 부하인 제독 李如松과 함께 43,000명의 명나라 2차 원군의 총사령관으로 참전하였다. 그리고 조선의 金景瑞와 함께 제4차 평양 전투에서 평양성을 탈환한다. 그러나 이여송이 벽제관 전투에서 대패하자 명나라 요동으로 이동, 형식상으로 지휘를 하였다. 이후 육군과 수군에게 전쟁 물자를 지원해 주었고 전쟁 후 병이 들어 70세의 나이로 병사하였다.

227 劉黃裳(유황상): 임진왜란 당시 조선으로 파견되어 참모 역할을 수행한 명나라의 관리. 찬획의 임무를 수행하면서 명군을 통제했지만 동시에 조선의 내정에 간섭하는 일이 많았다. 명군에 대한 군량의 요구나 무기체제의 개발은 물론 조선의 풍속이나 의복 습관 등을 고치도록 요구하는 경우까지 있었다. 특히 조선의 관리들을 무시하고 무례하게 대하는 경우가 많았을 뿐만 아니라 심지어는 국왕 선조에게도 무례한 행위를 하는 경우가 많았다.

228 袁黃(원황): 임진왜란 당시 조선에 파견되어 참모와 병참 역할을 수행한 명나라의 장수. 1586 진사가 되어 寶坻知縣에 임명되었다. 관직은 兵部職方司主事에 이르렀다. 일찍이 經略 宋應昌의 군대를 도와 임진왜란에 참전했다. 天文과 術數, 의학, 水利 등에 능통했다.

229 遼東(요동): 중국 遼河의 동쪽 지방. 지금의 遼寧省 동남부 일대를 일컫는다. 우리나라와 지리적으로 매우 가깝고, 특히 중국으로 가는 중요한 육상 통로이기 때문에 각종 외교 사절과 상인들의 왕래가 빈번하게 이루어지기도 했다.

230 李如松(이여송, 1549~1598): 명나라 장수. 朝鮮 출신인 李英의 후손이며, 遼東總兵으로 遼東지역의 방위에 큰 공을 세운 李成梁(1526~1615)의 長子이다. 1592년 임진왜란 때 防海禦倭總兵官으로서 명나라 구원군 4만 3천 명을 이끌고 동생 李如柏과 왔다. 43000여의 明軍을 이끌고 압록강을 건넌 그는 休靜(1520~1604), 金應瑞(1564~1624) 등이 이끄는 조선의 僧軍, 官軍과 연합하여 1593년 1월 고니시 유키나가[小西行長]의 왜군을 기습해 평양성을 함락시켰다. 그리고 퇴각하는 왜군을 추격하며 평안도와 황해도, 개성 일대를 탈환했지만, 한성 부근의 碧蹄館에서 고바야카와 다카카게[小早川隆景], 다치바나 무네시게[立花宗茂] 등이 이끄는 왜군에 패하여 開城으로 퇴각하였다. 그리고 함경도에 있는 가토 기요마사[加藤淸正]의 왜군이 평양성을 공격한다는 말이 떠돌자 평양성으로 물러났다. 그 뒤에는 전투에 적극적으로 나서지 않고 화의 교섭에만 주력하다가 그 해 말에 劉綎(1558~1619)의 부대만 남기고 명나라로 철군하였다.

吳惟忠[235]·王必迪[236]等, 渡江來, 兵數四萬餘。先是, 沈遊擊旣出, 倭歛兵不動, 旣過五十日, 惟敬又至, 再入城。天兵至安州[237], 下營於城南, 旌旗器械, 整肅如神。李提督題詩[238]扇面, 寄我國諸

---

231 李如栢(이여백): 李如柏(1553~1620)의 오기. 명나라 말기의 副摠兵. 李成梁의 아들이자 李如松의 동생이다. 1592년 임진왜란 때는 벽제관 전투에서 크게 활약하였으나, 1619년 사르후 전투에서 누르하치가 이끄는 후금에 대패하여 자결하였다.

232 張世爵(장세작): 임진왜란 당시 명나라에서 맡았던 정식 관직은 副摠兵인 인물. 1592년 임진왜란이 일어나자 李如松 휘하의 부총병 겸 우협 도독이 되어 조선의 원군으로 출정해서 제4차 평양성 전투에 참가해 평양성을 공격했다. 평양성 전투에서 칠성문을 공격했고 평양을 탈환하자 이여송의 명령으로 개성부에서 사족, 백성들에게 은 1백 냥, 쌀 1백 석을 나누어줬으며, 碧蹄館 전투에서 패하자 후퇴해서 주둔하자고 주장했다.

233 楊元(양원): 임진왜란 때 조선으로 파병된 명나라의 장수. 정식 관직은 副總兵이었다. 조선으로 파병될 때는 좌협대장의 임무를 띠고 여러 명의 부총병과 參將, 遊擊 등을 통솔했다. 평양성 전투에 참전해 평양 회복에 주도적인 역할을 했다. 하지만 1597년 南原城 전투에서 크게 패배해 인솔하고 있던 병력 대부분과 여러 장수를 잃었다. 패전의 책임 때문에 탄핵되어 관직을 잃고 본국으로 소환되었고, 이후 사형에 처해졌다.

234 駱尙志(낙상지): 1592년 12월 左參將으로 보병 3천 명을 이끌고 참전한 명나라 장수. 힘이 월등하여 1천 근의 무게를 들었으므로 駱千斤으로 불렸다. 평양 전투에서 앞장서 성벽에 올라 승리에 크게 기여했다.

235 吳惟忠(오유충): 임진왜란 당시의 명나라 장수. 1593년에 파병된 우군 유격장군이다. 제4차 평양 전투에서 副摠兵으로 활약하였으며, 정유재란에는 충주를 지키는 임무를 맡았다.

236 王必迪(왕필적): 명나라 장수. 임진왜란 때 副摠兵으로 李如松을 따라 참전하여 활약하였다.

237 安州(안주): 평안북도 兵營의 소재지.

238 題詩(제시): "군사 이끌고 밤새워 압록강 언덕에 이른 것은, 삼한이 편치 못하기 때문이라네. 밝으신 임금은 날마다 전선의 소식 기다리는데, 미천한 신하는 밤새도록 술잔을 즐기네. 봄인데도 살벌한 기운 도는데 마음은 그래도 장쾌하니,

公, 皆唱和之, 公亦和之。【見原集】提督使副摠兵査大受[239], 往順安, 紿倭, 曰: "天朝已許和, 沈遊擊且至." 玄蘇等, 大喜獻詩曰: "扶桑[240]息戰服中華, 四海九州同一家。喜氣忽淸寰宇外, 乾坤春早太平花." 卽癸巳春正月也。使其小將平好官[241], 出迎沈遊擊于安州。査總兵, 留與飮酒, 伏起縱擊, 擒平好官斬之。自此, 天朝兵大至。翌日提督, 進圍平壤, 攻普通門[242]·七星門[243], 登城, 列立紅白旗, 拒戰。天兵以大炮·火箭攻之, 炮聲震地, 數十里山岳皆動, 火箭布空, 煙氣蔽天, 箭入城中, 處處火起, 林木皆焚。駱尙志·吳惟忠等, 力戰內城, 賊依土壁多穿孔穴, 從穴中放銃丸, 天兵多傷。

『징비록』 Ⅱ-1

이번에 요망한 잡귀들은 벌써 뼈가 서늘했으리. 담소하는 것이 감히 승산이 아니라고 말하겠는가, 꿈속에 언제나 출정하는 안장 타기를 생각하네.(提兵星夜到江干, 爲說三韓國未安. 明主日懸旋節報, 微臣夜釋酒杯歡. 春來殺氣心猶壯, 此去妖氣骨已寒. 談笑敢言非勝算, 夢中常憶跨征鞍.)"임.

239 査大受(사대수): 명나라 장수. 1592년 임진왜란 당시 李如松을 따라 先鋒副總兵으로 임명되어 조선에 파견되었다. 平壤城 전투에 참여했고, 선봉대를 지휘하면서 정탐 관련 임무를 수행하는 등의 많은 전공을 세웠다. 명군의 장수들 중에서 駱尙志·李芳春과 함께 뛰어난 무예와 용맹으로 유명했다. 이들은 모두 遼東지역 출신으로 원래 李成樑의 家人이었다. 따라서 이여송의 측근으로 활동했다.

240 扶桑(부상): 옛날에 동쪽 바다의 해가 뜨는 곳을 일컬음. 여기서는 일본을 일컫는 말로 쓰였다.

241 平好官(평호관): 고니시 유키나가의 휘하에서 평호관의 직책에 있었던 장수 竹內吉兵衛 다케노우치 기치베를 지칭함.

242 普通門(보통문): 평양성 중성의 서문.

243 七星門(칠성문): 평양성 내성의 북문.

33. 이여송의 명나라 구원병 경성 수복

4월 14일, 경성(京城)이 수복되어 천병(天兵: 명나라 군대)이 도성에 들어갔는데, 이 제독(李提督: 이여송)이 소공주댁(小公主宅: 왕후의 집, 협주: 지금 남별영(南別營)이라 일컫는다.)에 객관(客館)을 정하였다. 대신(大臣)들과 의논하여 결정하고는 대가(大駕)를 맞이하려고 거짓으로 왜적과 화해하는 척하자, 왜적의 군사들이 물러갔다. 이 제독이 류성룡(柳成龍)에게 일러 말하기를, "내가 마땅히 적군을 쫓아 남하해야 하니, 본국(本國: 조선)에서 모름지기 남하하는 길을 익히 아는 자 및 용맹한 자를 기패관(旗牌官) 앞에 서는 비장(裨將)으로 삼아서 앞으로 가야 할 길을 잘 인도해 주기 바라오."라고 하였다. 그러므로 호위군(扈衛軍)의 공론(公論)에 따라 공(公) 및 김억추(金億秋)·김완(金完)을 선발하여 보내겠다고 아뢰었다. 공(公)이 스스로 생각건대 임금에게 인사하고 헤어지면 승냥이와 늑대를 향해 떠나야 하는 길이라서 마음이 몹시 불안하여, 또한 저도 모르게 눈물이 나와 흘러내렸다.

이때 성안에서 왜적을 막아 지켰던 자가 백 명에 한 명도 살아남아 있지 않았는데, 유독 여위고 약한데다 피곤하여 마치 귀신의 탈을 뒤집어쓴 것과 같았을 뿐이었다. 관청이나 개인 집이 한 채도 남아 있지 않았으나, 숭례문(崇禮門: 남대문)에서 동쪽으로 남산(南山) 일대에 적이 머물러 있던 곳에서만 옛집들이 조금 남아 있었다. 종묘(宗廟)·삼궐(三闕) 및 각사(各司)·관학(館學) 등 큰 거리의 북쪽에 있던 것들은 모두 다 타버려서 오직 재만 남아 있을 뿐이었다. 소공주댁(小公主宅) 또한 수가(秀嘉: 平秀家)가 머물렀던 곳이었으므로 남아 있었다.

5월 3일, 이 제독(李提督)이 대규모로 남하했는데, 공(公)이 전도비장(前導裨將)으로서 영남으로 달려가던 차 조령(鳥嶺)에 이르러 황병사(黃兵使, 협주: 黃進)를 만나 과격한 적개심을 이기지 못하여 피눈물을 흘리며 서로 보다가 시를 주고받았다.【협주: 원집(原集)을 보라.】 5월 10일, 이 제독이 왜적을 추격하며 문경(聞慶)에 이르렀다.

四月十四日, 京城復, 天兵入城, 李提督館於小公主宅,【今稱南別營】與大臣定議, 欲迎大駕, 而佯與賊和解, 退兵。李提督謂柳公成龍, 曰: "余當追賊南下, 本國須當以慣識南路及驍勇者, 爲旗牌[244]前裨將, 善導於前路."云。故依扈衛中公論, 抄擇公及金億秋·金完[245], 啓請送之。公自念, 辭別君父, 去向豺狼之路, 心甚不安, 仍不覺潸出涕泗。時城中守禦, 百無一存, 獨羸弱困疲, 如鬼面者而已。公私廬舍一空, 自崇禮門, 以東循南山一帶, 爲賊所止, 故廬舍稍存。宗廟三闕及各司館學, 在大街以北, 皆蕩然, 惟餘灰燼而已。小公宅, 亦秀嘉[246]所止, 故見遺。五月初三

---

244 旗牌(기패): 旗牌官. 각 군영과 감영과 병영에 속하여 主將의 명령을 하달하고, 군병의 조련 등을 담당하던 장교.

245 金完(김완, 1577~1653): 본관은 金海, 자는 子具. 영암 출신으로 아버지는 利城縣監 金克祧이다. 1597년 무과에 급제하였다. 1598년 경상방어사 高彦伯의 군진에 나가 남원에 이르렀는데 적병이 길을 막자 趙慶男 등과 함께 弓藏峴에서 적을 깨트렸다.

246 秀嘉(수가): 平秀家. 宇喜多秀家는 備前 岡山城 성주 宇喜多直家의 아들. 1592년 임진왜란 시에는 일본 원정군의 총대장으로 출진하여, 한성에 입성한 뒤 경기도의 평정을 담당했다. 1593년 1월 평양성을 탈환하고 남진하던 명군을 벽제관에서 小早川隆景 등과 격퇴하여 이 공으로 參議에서 權中納言으로 승진

日, 李提督大擧南下, 公以前導裨將, 馳往嶺南, 到鳥嶺, 遇黃兵使【進】, 不勝激愾之心, 血淚相視, 與之唱和。【見原集】五月初十日, 李提督追倭, 至聞慶。

『징비록』 Ⅱ-7

34. 명나라 조정이 왜적을 포위만 하게 함

천조(天朝: 명나라 조정)에서 또 사천 총병(泗川總兵) 유정(劉挺)으로 하여금 복건(福建)·서촉(西蜀)·남만(南蠻) 등지에서 불러 모집한 병사 5천 명을 거느리고 성주(星州)에 계속해서 나가게 하였고, 남방 출신 장수 오유충(吳惟忠)은 선산(善山)의 봉계리(鳳溪里)에 주둔하게 하였고, 조승훈(祖承訓)·갈봉하(葛逢夏)는 거창(居昌)에 주둔하게 하였고, 낙상지(駱尙志)·왕필적(王必迪)은 경주(慶州)에 주둔하게 하였는데, 사면으로 둘러싸고 서로 버티기만 하였다. 군량은 양호(兩湖: 호서와 호남 지방)에서 취했는데, 험준한 산길을 넘느라 백성들이 더욱 피곤하였다. 제독(提督: 이여송)이 심유경(沈惟敬)을 시켜 왜적에게 가서 달래어 바다를 건너가도록 하고, 또 서일관(徐一貫)·사용재(謝用梓)를 시켜 낭고야(郎古邪: 名護屋)에 들어가서 관백(關

했다. 2월 행주대첩 시에는 병력에 큰 손실을 입고 철수했지만 6월에는 진주성 공략에 성공하는 등 전공을 세웠다. 1597년 정유재란 시에는 監軍으로 참가해 左軍을 이끌고 전라도 공략에 나서 남원·전주를 점령하고 순천에 왜성을 축성했다. 1598년 일본으로 돌아가 수길로부터 五大老의 한 명으로 임명되었는데, 그해 8월 수길이 죽고 그의 유언으로 일본군은 조선에서 철수했다.

伯: 關白)을 만나보게 하였다.

天朝又使泗川總兵劉挺[247], 率福建·西蜀·南蠻等處召募兵五千, 繼出星州, 南將吳惟忠, 屯善山·鳳溪, 祖承訓·葛逢夏[248], 屯居昌[249], 駱尙志·王必迪, 屯慶州, 環四面相持。糧餉取於兩湖, 踰越險阻, 民力益困。提督, 使沈惟敬往喻倭, 令渡海, 又使徐一貫[250]·謝用梓[251], 入郎古邪[252], 見關伯。

『징비록』 Ⅱ-8

---

247 劉挺(유정): 劉綎(1558~1619)의 오기. 1592년 임진왜란이 일어나자 이듬해 원병 5천을 이끌고 참전하였다. 1597년 정유재란 때 남원에서 졌다는 소식이 전해지자, 배편으로 강화도를 거쳐 입국하였다. 전세를 확인한 뒤 돌아갔다가, 이듬해 提督漢土官兵禦倭總兵官이 되어 대군을 이끌고 와서 도와주었다. 曳橋에서 왜군에게 패전, 왜군이 철병한 뒤 귀국하였다.

248 葛逢夏(갈봉하): 임진왜란 당시 명나라에서 파견한 장수. 그는 유격장군을 맡고 있었으며, 義州를 거쳐 平壤城을 공격할 때, 李如松 휘하에서 統領保眞建遵調兵遊擊將軍으로 마병 2천을 거느리고 있었다. 후에 南原까지 원정에도 참여하였다.

249 居昌(거창): 경상남도 북서부에 있는 고을. 동쪽은 합천군, 서쪽은 함양군, 남쪽은 산청군, 북쪽은 경상북도 김천시·전라북도 무주군과 접한다.

250 徐一貫(서일관): 임진왜란 때 일본군의 공격을 받은 조선에 구원군으로 온 명나라 장수. 1593년 沈惟敬이 일본과의 강화 협상을 할 때, 謝用梓와 함께 고니시 유키나가와 접촉해서 강화 협상을 진행하였다.

251 謝用梓(사용재): 임진왜란 때 일본군의 공격을 받은 조선에 구원군으로 온 명나라 장수. 1593년 沈惟敬이 일본과의 강화 협상을 할 때, 徐一貫과 함께 고니시 유키나가와 접촉해서 강화 협상을 진행하였다.

252 郎古邪(낭고야): 名護屋. 나고야. 佐賀縣 북부 東松浦 반도 북단의 해안을 따라 발달한 고을. 중세에는 松浦党의 일족인 名護屋氏의 본거지이었다. 풍신수길이 조선 침략 때 이 지역에 本營을 두고 성을 축조하였다.

35. 왜적이 두 왕자와 재상들 송환

6월, 왜적이 비로소 두 왕자 임해군(臨海君)·순화군(順和君) 및 재상(宰相, 협주: 신하) 김귀영(金貴榮)·황정욱(黃廷彧)·황혁(黃赫) 등을 돌려보냈는데, 먼저 심유경에게 보내어 심유경이 돌아와 보고하여서 알게 되었다. 공(公)이 듣고 매우 기뻐하고 즉시 편지를 보내어 치하하였다.【협주: 편지는 원집(原集)을 보라.】 5월 15일부터 6월에 이르기까지 청정(淸正: 加籐淸正)이 13만 명을 거느리고 바다와 육지로 동시에 진격하여 진주(晉州)를 침범하니, 조정에서 연이어 여러 장수에게 왜적을 추적해 나아가 무찌르도록 독려하였다.

六月, 賊始還兩王子臨海君·順和君及宰【臣】金貴榮·黃廷彧·黃赫等, 先遣沈惟敬, 歸報而知之。公聞甚欣悅, 卽折簡致賀。【書見原集】自五月十五日至六月, 淸正率十三萬, 水陸並進, 而犯晉州, 朝廷連督諸將, 追賊進擊。

『징비록』 Ⅱ-8

36. 왜적 추격에 대한 장수들의 이견 분분

도원수(都元帥) 김명원(金命元)·순찰사(巡察使) 권율(權慄)·부찰사(副察使) 이빈(李薲) 이하가 일으켰던 의병들이 의령(宜寧)에 모여 합세하였다. 기강(岐江)을 건너 앞으로 나아가자고 의논하였는데, 공(公) 및 곽재우(郭再祐)가 말하기를, "왜적의 세력이 바야흐로 강성한데, 우리 군사들은 매우 허약하고 또한 군량도 없으니 경솔하게 진격해서는 안 됩니다."라고 하였다. 이빈(李薲)의 종사관 성호선(成好善)이 군대에 익숙하지도 않으면서 그저 경솔한 행동으로 팔을 휘두르며 장수들이 머뭇거리고 싸우려 하지 않는 것을 책망하였다. 공(公)이 다시 말하기를, "옛날 염파(廉頗)는 늘 간첩이 많아서 성벽을 굳게 지키고 나가 싸우지 않은 지 오래였는데, 염파를 대신하여 변방으로 가면 승리할 것이라 했으나 조괄(趙括)은 군대의 일에 대해 쉽게 말하고 변화에 대처할 줄 몰라서 장평(長平)의 패배가 있었습니다."라고 하였다. 원수(元帥) 권율(權慄)이 끝내 듣지 않고 성호선과 공모하여 함안(咸安)에 진격하였으나 성도 비었고 창고도 텅 비어 있었다. 모든 군사가 먹을 것이 없어서 모두 익지도 않은 푸른 감을 따서 먹었으니 다시 싸울 뜻이 없게 되었다.

都元帥金命元·巡察使權慄[253]·副察使李薲[254]以下, 所擧義兵,

---

253 權慄(권율, 1537~1599): 본관은 安東, 자는 彦愼, 호는 晩翠堂·暮嶽. 1582년 식년문과에 급제했다. 임진왜란이 일어나 수도가 함락된 후 전라도순찰사 李洸과 防禦使 郭嶸이 4만여 명의 군사를 모집할 때, 광주목사로서 곽영의 휘하에 들어가 中衛將이 되어 북진하다가 용인에서 일본군과 싸웠으나 패하였다. 그 뒤 남원에 주둔하여 1,000여 명의 의용군을 모집, 금산군 梨峙싸움에서 왜장 고바야카와 다카카게[小早川隆景]의 정예부대를 대파하고 전라도 순찰사로 승진하였다. 또 북진 중에 수원의 禿旺山城에 주둔하면서 견고한 진지를 구축하여 持久戰과 遊擊戰을 전개하다 우키타 히데이에[宇喜多秀家]가 거느리는 대부대의 공격을 받았으나 이를 격퇴하였다. 1593년에는 병력을 나누어 부사령관 宣居怡에게 시흥 衿州山에 진을 치게 한 후 2800명의 병력을 이끌고 한강을 건너 幸州山城에 주둔하여, 3만 명의 대군으로 공격해온 고바야카와의 일본군을 맞아 2만 4000여 명의 사상자를 내게 하며 격퇴하였다. 그 전공으로 도원수에 올랐다가 도망병을 즉결처분한 죄로 해직되었으나, 한성부판윤으로 재기용되어 備邊司堂上을 겸직하였고, 1596년 충청도 순찰사에 이어 다시 도원수가 되었다. 1597년 정유재란이 일어나자 적군의 북상을 막기 위해 명나라 提督 麻貴와 함께 울산에서 대진했으나, 명나라 사령관 楊鎬의 돌연한 퇴각령으로 철수하였

聚合于宜寧。議渡岐江[255]前進, 公及郭再祐[256]爲言曰: "賊勢方盛, 我軍甚弱, 又無糧餉, 不可輕進." 李蘋從事成好善[257], 不閒軍旅, 徒有輕急之擧, 奮臂責諸將之逗遛不戰。公更言曰: "昔廉頗[258], 常多間牒, 堅壁不出久, 而有代邊之勝, 趙括[259]易言兵事, 不知合變

다. 이어 順天 曳橋에 주둔한 일본군을 공격하려고 했으나, 전쟁의 확대를 꺼리던 명나라 장수들의 비협조로 실패하였다. 임진왜란 7년 간 군대를 총지휘한 장군으로 바다의 이순신과 더불어 역사에 남을 전공을 세웠다. 1599년 노환으로 관직을 사임하고 고향에 돌아갔다.

254 李蘋(이빈, 1537~1603): 본관은 全州, 자는 聞遠. 1592년 임진왜란이 일어나자, 경상좌도병마절도사로 충주에서 申砬의 휘하에 들어가 싸웠으나 패하였다. 그 뒤 金命元의 휘하에 들어가 임진강을 방어하다가 다시 패하고, 평안도병마절도사로 평양을 방어하였으나 성이 함락되자 李元翼을 따라 順安에서 싸웠다. 1593년 1월에 명나라 장수 李如松이 평양을 탈환하자 군사를 이끌고 명나라 군대에 종사하였으며, 李鎰을 대신하여 巡邊使에 임명되었다. 같은 해 2월 權慄이 幸州山城에서 왜군을 크게 격파하고 坡州山城으로 옮기자, 권율과 함께 파주산성을 수비하였다. 같은 해 왜군이 진주와 구례 지방을 침략할 때 남원을 지켰다. 그러나 당시 진주성을 방어하지 못하였다는 사헌부와 사간원의 탄핵을 받고 戴罪從軍하다가 1594년 경상도순변사에 복직되었다.

255 岐江(기강): 경상남도 의령군 지정면 쌍절각 앞에서 낙동강과 만나는 강. 거름강, 갈림강으로도 불린다.

256 郭再祐(곽재우, 1552~1617): 본관은 玄風, 자는 季綏, 호는 忘憂堂. 1585년 정시문과에 급제했지만 왕의 뜻에 거슬린 구절 때문에 罷榜되었다. 임진왜란 때 의병을 일으켜 天降紅衣將軍이라 불리며 거듭 왜적을 무찔렀다. 정유재란 때 慶尙左道防禦使로 火旺山城을 지켰다.

257 成好善(성호선, 1552~?): 본관은 昌寧, 자는 則優, 호는 月簑. 1589년 증광문과에 급제하였다. 그 뒤 文翰官을 거쳐 1593년 병조좌랑이 되었다. 다음해에 巡邊使 李蘋의 從事官이 되어 영남에 부임하였다. 이후, 황해도에 歸省했다가 기일을 어겨 사헌부의 탄핵을 받아 파직되었다. 1595년 형조정랑으로 다시 기용되고 이어 사성·정언을 지냈다.

258 廉頗(염파): 중국 전국시대 趙나라 장군.

速, 而有長平[260]之敗." 元帥權慄, 終不聽, 與好善合謀, 進咸安[261], 城空倉虛。諸軍乏食, 皆摘青柿實以食, 無復鬪志。

『징비록』 Ⅱ-8

37. 왜적의 진주성 재차 공격

이윽고 왜적이 대거 쳐들어와 대포 소리가 하늘을 울리자, 사람들의 마음이 흉흉하고 두려워 적교(吊橋)에서 떨어지기도 하고, 정진(鼎津)을 건너기도 하여 멀리 보니 왜적들이 강물과 육지를 따라 들판을 덮고 강물을 메우면서 오고 있었다. 권율(權慄)·김명원(金命元)·이빈(李薲)·최원(崔遠) 등이 전라도(全羅道)로 향하였고, 오직 창의사(倡義使) 김천일(金千鎰)·본도 병사(本道兵使: 경상도병사) 최경회(崔慶會)·충청 병사(忠淸兵使) 황진(黃進)·목사(牧使) 서예원(徐禮元)·당장 지대차사원(唐將支待差使員) 성수경(成守璟: 成守慶의 오

259 趙括(조괄): 중국 전국시대 趙나라 장수. 趙奢의 아들. 아버지가 전한 兵法을 열심히 공부했지만 실전에 대한 경험은 없었다. 조나라 孝成王 6년 秦나라의 反間計가 적중해 廉頗 대신 장군에 기용되었다. 조괄의 어머니와 藺相如가 그 부당함을 함께 아뢰었지만 왕이 듣지 않았다. 염파가 견지했던 守城 전략을 버리고 대거 공격에 나섰다가 진나라의 장수 白起에게 포위되자 탈출을 시도하다가 화살에 맞아 전사했다.

260 長平(장평): 지금의 山西省 高平縣 서북. 秦나라 장군 白起가 기원전 260년 이곳에서 趙括이 이끌던 趙나라의 군사들과 싸움에서 대승을 거두고 이어서 항복한 군사 40여만 명을 구덩이 속에 파묻어 죽였다.

261 咸安(함안): 경상남도 남부 중앙에 있는 고을. 동쪽은 창원시, 서쪽은 의령군·진주시, 남쪽은 고성군, 북쪽은 남강과 낙동강을 경계로 의령군·창녕군과 접한다.

기)·복수장(復讎將) 고종후(高從厚)·양산숙(梁山璹) 등은 모두 진주(晉州)로 들어갔다.

이때 왜적들은 비루(飛樓) 여덟 채를 세워 성안을 내려다보고는, 성 밖의 대숲을 베어 크게 단을 지어 둘러서 나열하여 그것으로 엄폐를 삼아 화살과 돌을 막으면서 그 안으로부터 조총(鳥銃)을 빗발처럼 내쏘니, 성안의 사람들이 감히 머리를 내놓을 수가 없었다. 김천일과 서예원은 주인과 나그네 사이에서 서로 시기하는 사이인지라 호령이 제대로 서지 않아 명령이 여러 곳에서 나오니, 전쟁에서 꺼리고 싫어하는 것으로서 이외에 무엇이 있겠는가? 공(公)이 기병(騎兵) 50명을 거느리고 그 둘 사이에 있으면서 화해시키겠다고 마음먹었으나 어떻게 할 계책이 없었다.

俄而, 賊大至, 炮聲震天, 人心惱懼, 或墮吊橋[262], 或登[263]鼎津[264], 望見賊兵, 從水陸蔽野塞川而來。權慄·金命元·李蘋·崔遠[265]等, 向全羅道, 惟倡義使金千鎰[266]·本道兵使崔慶會[267]·忠淸

---

262 吊橋(적교): 성곽의 濠 등에 설치하여, 방어할 때에는 끌어올리는 다리

263 登(등): 문맥상 渡의 오기인 듯.

264 鼎津(정진): 경상남도 의령군 의령읍 정암리에 있는 나루. 鼎巖津이라 하기도 한다.

265 崔遠(최원, 생몰년 미상): 1580년 전라도병마절도사가 되고, 1592년에 임진왜란이 일어나 군사 1,000명을 거느리고 의병장 金千鎰, 月串僉節制使 李蘋과 함께 여산에서 적군의 진출을 막아 싸웠다. 김천일 등과 함께 남원·순창을 거쳐 북상하던 중 군사 4만 명을 거느리고 서울로 향하여 떠났던 전라감사 李洸 등 많은 군사가 용인에서 패전한 뒤라 수원에서 강화도로 들어가 주둔지로 삼고 군사를 모집하였다. 한편으로는 한강 연변지역을 왕래하면서 적의 후방을 공략하고 해상으로 의주에 있는 行在所와도 연락을 취하였다. 이듬해 永德으로 나가

兵使黃進·牧使徐禮元[268]·唐將支待差使員成守璟[269]·復讎將高

왜군을 격파하고 200여 명을 참획, 그 공으로 상호군에 승진되었다. 1596년 황해도병마절도사를 거쳐, 1597년 정유재란이 일어나자 중앙으로 들어와서 한강 수비의 소임을 맡았다.

266 金千鎰(김천일, 1537~1593): 본관은 彦陽, 자는 士重, 호는 健齋·克念堂. 1578년 任實縣監을 지냈다. 임진왜란 때 나주에 있다가 高敬命·朴光玉·崔慶會 등에게 글을 보내 倡義起兵할 것을 제의하는 한편, 담양에서 고경명 등과도 협의하였다. 그 뒤 나주에서 宋濟民·梁山璹·朴懽 등과 함께 의병의 기치를 들고 의병 300명을 모아 북쪽으로 출병하였다. 한편, 공주에서 趙憲과 호서지방 의병에 관해 협의하고는 곧 수원에 도착하였다. 북상할 때 수원의 연도에서 스스로 의병에 참가한 자와 또 호서방면에서 모집한 숫자가 크게 늘어나자 군세는 사기를 떨쳤다. 수원의 禿城山城을 거점으로 본격적인 군사 활동을 전개, 유격전으로 개가를 올렸다. 특히, 金嶺戰鬪에서는 일시에 적 15명을 참살하고 많은 전리품을 노획하는 대전과를 올렸다. 8월 전라병사에 崔遠의 관군과 함께 강화도로 진을 옮겼다. 이 무렵 조정으로부터 倡義使라는 軍號를 받고 掌禮院判決事에 임명되었다. 강화도에 진을 옮긴 뒤 강화부사· 전라병사와 협력해 연안에 防柵을 쌓고 병선을 수리해 전투태세를 재정비하였다. 강화도는 당시 조정의 명령을 호남·호서에 전달할 수 있는 전략상의 요충지였다. 9월에는 通川·陽川 지구의 의병까지 지휘했고 매일같이 강화 연안의 적군을 공격했으며, 양천·김포 등지의 왜군을 패주시켰다. 한편, 전라병사·경기수사·충청병사, 秋義兵將 禹性傳 등의 관군 및 의병과 합세해 楊花渡戰鬪에서 대승을 거두었다. 또한, 일본군의 圓陵 도굴 행위도 막아 이를 봉위하기도 하였다. 이듬해 1593년 정월 명나라 군대가 평양을 수복, 개성으로 진격할 때 이들의 작전을 도왔으며, 명·일간에 강화가 제기되자 반대 운동을 전개하였다. 서울이 수복되어 굶주리는 자가 속출하자 배로 쌀 1,000석을 공급해 구휼하였다. 전투에서도 경기수사· 충청수사와 함께 仙遊峯 및 沙峴戰鬪에서 다수의 적을 참살, 생포하고 2월에는 權慄의 행주산성 전투에 강화도로부터 출진해 참가하였다. 이들 의병은 강화도를 중심으로 장기간의 전투에서 400여 명의 적을 참살하는 전공을 세웠다. 1593년 4월 왜군이 서울에서 철수하자 이를 추격, 상주를 거쳐 함안에 이르렀다. 이 때 명·일강화가 추진 중인데도 불구하고 남하한 적군의 주력은 경상도 밀양부근에 집결, 동래·김해 등지의 군사와 합세해 1차 진주싸움의 패배를 설욕하기 위한 진주성 공격을 서두르고 있었다. 이에 6월 14일 300명의 의병을 이끌고 입성하자 여기에 다시 관군과 의병이 모여들었다. 합세한 관군·의병의 주장인

從厚[270]·梁山璹[271]等, 皆入晉州。是時, 賊立飛樓[272]八坐, 俯瞰城

都節制가 되어 항전 태세를 갖추었다. 10만에 가까운 적의 대군이 6월 21일부터 29일까지 대공세를 감행하자 아군은 중과부적임에도 분전했으나 끝내 함락되고 말았다. 이에 아들 金象乾과 함께 촉석루에서 南江에 몸을 던져 순사하였다.

267 崔慶會(최경회, 1532~1593): 본관은 海州, 자는 善遇, 호는 三溪·日休堂·전라남도 陵州 출신이다. 1561년 進士가 되고, 1567년 式年文科에 급제, 寧海郡守가 되었다. 1592년 임진왜란 때 의병장이 되어 錦山·茂州 등지에서 왜병과 싸워 크게 전공을 세워 이듬해 경상우도 兵馬節度使에 승진했다. 그해 6월 제2차 晉州城 싸움에서 9주야를 싸우다 전사했다.

268 徐禮元(서예원, ?~1593): 본관은 利川. 1573년 무과에 급제하여 선전관이 되었다. 1591년 김해부사로 부임하였으며, 임진왜란이 일어나 왜군과 공방전을 벌이다가 패주하였다. 이 일로 삭탈관직 당했으나 의병장 金沔과 함께 왜적과 싸웠으며, 제1차 진주성싸움에서 목사 金時敏을 도와 왜적과 항전하였다. 1593년 진주목사가 되었으며 제2차 진주성싸움에서 순국하였다.

269 成守璟(성수경): 成守慶(?~1593)의 오기. 본관은 昌寧. 1592년 임진왜란 때 진주판관으로 재임하였다. 왜군이 쳐들어오자 招諭使 金誠一의 아래에서 군무를 맡아 성을 고쳐 쌓고 무기를 수선하는 데 앞장섰다. 한편 격문을 돌려 충의지사를 부름으로서 군세를 늘리고 싸움에 대비하였다. 그해 10월 제1차 진주성싸움에서 진주목사 金時敏과 함께 3,800여 명의 병력으로 2만여 명의 왜군과 싸워 승리했으나, 이 싸움에서 진주목사 김시민이 전사하였다. 이듬해 6월에 벌어진 제2차 진주성싸움에서 3만 7000여 명의 왜군을 맞아 倡義使 金千鎰, 경상우병사 崔慶會, 충청병사 黃進, 진주목사 徐禮元 등이 이끄는 3,400명의 병력과 함께 싸우다가 전사하였다.

270 高從厚(고종후, 1554~1593): 본관은 長興, 자는 道冲, 호는 準峰. 1570년 진사가 되고, 1577년 별시문과에 급제하여 縣令에 이르렀다. 임진왜란 때 아버지 高敬命을 따라 의병을 일으키고, 錦山 싸움에서 아버지와 동생 因厚를 잃었다. 이듬해 다시 의병을 일으켜 스스로 復讐義兵將이라 칭하고 여러 곳에서 싸웠고, 위급해진 晉州城에 들어가 성을 지켰으며 성이 왜병에게 함락될 때 金千鎰·崔慶會 등과 함께 南江에 몸을 던져 죽었는데, 세상에서는 그의 三父子를 三壯士라 불렀다.

271 梁山璹(양산숙, 1561~1593): 본관은 濟州, 자는 會元. 할아버지는 己卯名賢 梁彭孫이며, 아버지는 대사성 梁應鼎이다. 임진왜란이 일어나자 羅州에서 倡

中, 刈城外竹林, 作大束, 環列自蔽, 以防矢石, 從其內, 發鳥銃如雨, 下城中人, 不敢出頭。千鎰與禮元, 主客相猜, 號令乖違, 令出多門, 兵家忌嫌, 此外何有? 公以五十騎, 處在其間, 期欲和解, 而計無可施。

『징비록』 Ⅱ-8

38. 제2차 진주성 혈전과 함락, 황진 전사

6월 14일, 공(公)은 종형(從兄)인 병사(兵使) 황진(黃進)과 병력을 합쳐서 21일 적과 교전하여 23일에 이르기까지 3번 싸워 적을 물리쳤으며, 밤이 되어서도 또 싸웠는데 왜적 중에 죽은 자는 시체가 쌓여 언덕 같았고 피가 흘러 개울을 이루었다. 이튿날 왜적의 병사들이 더 도착해서 동문(東門) 밖에 진을 치고 흙을 쌓아 산처럼 만들

義해, 金千鎰을 맹주로 삼아 부장이 되고 형은 運糧將이 되었다. 향리에서 병사를 모집하고 군량을 조달하며, 여러 고을에 격문을 돌려 봉기할 것을 촉구하였다. 그 뒤 김천일과 함께 북상하고, 수원에 출진해 활약하였다. 강화도로 진을 옮길 무렵, 郭賢과 함께 주장의 밀서를 가지고 해로의 샛길을 따라 의주 행재소에 도착해, 선조에게 호남·영남의 정세와 창의 활동을 자세히 보고하였다. 이 공으로 공조좌랑에 제수되었다. 돌아올 때 영남·호남에 보내는 교서를 받아서 남도에 하달하였다. 적이 남도로 퇴각하자 김천일과 함께 남하해 진주성에 들어갔다. 그러나 침공하려는 왜의 대군 앞에 군사 부족으로, 洪菡과 함께 명나라 장군 劉綎의 군진에 가서 원군을 간청했지만 실패하였다. 성에 다다르자 홍함마저 도피해 단신 입성하여, 적과 끝까지 항전하다가 김천일과 함께 남강에 투신해 자결했다고 한다.

272 飛樓(비루): 공중에 닿을 만큼 높이 솟은 누각. 성을 공격할 때 성에 기대어 놓고 오르게 만든 공격용 기구이다.

어 성안을 내려다보며 탄환을 비 오듯이 쏘아대자, 공(公)과 병사공(兵使公: 황진)은 상대하여 높은 보루를 쌓고 그 위에서 대포를 쏘아서 왜적의 소굴을 부수니 7번 싸워 7번 물리쳤다. 왜적이 또 나무 궤에 병사들을 숨기고서 우리의 성을 부수고자 했으며, 또한 성안으로 던진 서찰에 이르기를, "대명(大明)의 군사도 이미 항복했거늘, 한 조각 같은 고립된 성이 어찌하여 항복하지 아니하느냐?"라고 하자, 병사공이 편전(片箭: 아기살) 끝에 서찰을 묶어서 쏘아 답하기를, "우리나라는 죽을 때까지 싸울 뿐이다."라고 하였다. 27일, 왜적들이 사륜거(四輪車)에 올라타고 나무 궤에 병사들을 숨기고서 여러 번 밀고 들어오자, 한편으로는 풀 단에 기름을 붓고 불을 붙여 던지고 다른 한편으로는 적이 엮어놓은 목책을 불화살로 태우니, 전사자가 무수하여 왜적은 남강(南江) 밖으로 물러났다. 28일, 적들이 또 쇠정[鐵錐]으로 성을 팠는데, 성안에 있던 사람들이 죽을 힘을 다하여 힘껏 싸워서 적의 시체가 참호에 가득하였다. 몇 명의 왜적들이 시체 속에 숨어서 올려다보며 성을 살피고는 갑자기 탄환을 쏘고 화살을 쏘아서, 병사공이 이마에 맞아서 죽었고 민여운(閔汝雲)이 날아오는 화살에 맞아 죽었다. 이튿날 성이 함락되었는데, 의롭고 인자한 장수 및 군사와 백성들이 성이 무너지자 강물에 몸을 던져 죽은 자가 6만여 명이 되었고, 성안에서 빠져나온 자는 단지 수백 명에 불과하였다.

六月十四日, 公與從兄兵使進合兵, 二十一日, 與賊交戰, 至二十三日, 三戰退賊, 至夜又戰, 賊死者, 屍積如邱, 血流成瀆。翌日, 賊兵添至, 屯東門外, 積土爲山, 俯視城中, 放丸如雨, 公與兵使公, 對築高壘, 放大炮於其上, 破賊窟, 七戰七刦。賊又以木櫃藏兵, 欲破我城, 而又投書云: "大明兵已降, 一片孤城, 胡爲不下[273]?" 兵使公納書於片箭末而射, 答曰: "我國死戰而已." 二十七日, 賊兵載四輪車, 藏兵木櫃, 亟推而進, 一邊以灌油束草燃火投之, 一邊以火箭燒其結柵, 死者無數, 而賊退南江[274]外。二十八日, 賊衆又以鐵錐鑿城, 城中人殊死力戰, 而賊屍盈塹。有數賊匿於屍中, 仰見巡城, 忽然放丸發矢, 兵使公中額而死, 閔汝雲[275]中流矢而死。翌日城陷, 義將仁帥及軍民, 墮城投水, 死者六萬有餘, 得脫者但數百人。

《난중잡록》 2, 계사년 6월 21일~29일

39. 제2차 진주성 혈전과 함락 시, 황대중 탈출

공(公)은 홀로 요행히 면했으나 또한 강물에 몸을 던져 죽으려고 하다가 문득 스스로 생각건대, '나의 검과 나의 말이 아직 다하지 못하여 보검의 빛이 찬란하고 준마의 뛰어난 기상이 기운차니, 공

---

273 不下(불하): 항복하지 아니함.

274 南江(남강): 경상남도 함양군 서상면 德裕山에서 발원하여 德川江을 합하고, 진주에서 북동으로 流路를 바꾸어 함안군 대산면에서 洛東江과 합류하는 강.

275 閔汝雲(민여운, ?~1593): 본관은 驪興, 자는 龍從. 蔭補로 두 고을의 현령을 지냈다. 1592년 임진왜란이 일어나자 泰仁에서 鄭允謹과 함께 鄕兵 200여 명을 모집하여 의병장이 되어 스스로 飛義將이라 불렀다. 의병을 이끌고 八良峙를 넘어 함안 등지에서 적을 맞아 싸워 전과를 올렸다. 1593년 6월 제2차 진주성 싸움에서 휘하 의병 300여 인을 이끌고 참가하였다가 적의 화살에 맞아 전사하였다.

훈도 없이 죽기보다는 차라리 적을 섬멸하고 나라에 보답하는 것이 나으렸다. 내가 지금 죽지 않은 것도 또한 천명일러니, 지금 내달려 가서 이 통제(李統制: 이순신)와 일을 함께하는 것 만한 것이 없으리로다.'라고 여겼다. 정기수(鄭麒壽)와 함께 말을 채찍질하면서 적진을 무찔러 곧바로 왜적의 우두머리를 베고자 두세 명의 잔약한 병사를 이끌고 낮에는 숨으며 밤에만 길을 갔다.

公獨倖免, 亦欲投水而死, 忽自念: '我劒我馬尙不盡, 煌煌寶采, 昂昂逸氣, 則與其無功而殞身, 曷若滅賊而報國。吾今不死亦天也, 今可馳往, 莫若與李統制同事.' 與鄭麒壽[276], 策馬衝陣, 直斬倭酋, 率數三孱兵, 而晝則竄伏, 夜則行路。

40. 통제사 이순신 관하에 도착

7월 4일, 이 통제(李統制: 이순신)의 관하(管下)에 도착하니, 이순신이 손을 부여잡고 눈물을 흘리며 말하기를, "건 효자(蹇孝子: 황대중)가 적의 칼날을 뚫고서 이곳에 이르렀으니, 어찌 우연한 일이겠는가?"라고 하였다. 이어서 진양(晉陽: 晉州)이 함락된 것을 상세히 말하자, 이공(李公: 이순신)이 목놓아 통곡하고 북쪽을 향해 4번 절

276 鄭麒壽(정기수, 생몰년 미상): 본관은 東萊, 자는 應聖. 1574년 무과에 급제하여 벼슬이 첨정에 이르렀다. 그는 1597년 정유재란 때 그의 6촌 아우인 정지심·정지우 등과 함께 의병을 모집하였다. 그들과 함께 하동과 순천의 싸움에 참여하여 많은 적을 베어 죽이거나 사로잡았다. 뒤에 마도만호가 되었는데 바다에서 적선 7척과 맞부딪치자 계책을 써서 그 배들을 불태우고 많은 적을 죽였다.

하고는 하늘에 빌어 말하기를, "하늘이시여, 어찌 이 지경에 이르게 한단 말입니까?"라고 하였다. 이윽고 막하(幕下)에 머무르게 하고 함께 계책을 논하였다. 이때 우수사(右水使) 이억기(李憶祺: 李億祺의 오기)와 각 도의 군사들을 징발하여 동쪽으로 육지에 내리니, 여러 번 전투에서 이기기에 이르렀다. 10월에 대가(大駕)가 도성으로 돌아왔다.

七月初四日, 至李統制管下[277], 李公舜臣, 握手流涕曰: "蹇孝子, 貫穿賊鋒而至此, 豈是偶然哉?" 因詳陳晉陽之陷, 李公失聲痛哭, 而北向四拜, 祝天曰: "天何爲至於此極耶?" 因留幕下, 共論籌策。是時, 與右水使李憶祺[278], 發諸道兵, 東向下陸, 屢至勝捷。十月大駕還都城。

41. 이순신의 발병, 황대중 등의 조섭

갑오년(1594), 이 통제(李統制: 이순신)가 수군을 정돈하고 미처 배를 띄우지도 못하고 갑자기 병에 걸려 조리해야 했는데, 공(公)이 송희립(宋希立)·정경달(丁景達)·오익창(吳益昌) 등과 정성을 쏟아

---

277 管下(관하): 관할하는 구역이나 범위.

278 李憶祺(이억기): 李億祺(1561~1597)의 오기. 본관은 全州, 자는 景受. 1591년 이순신이 전라좌도 수군절도사로 부임할 때 순천부사에 발탁되었다. 임진왜란이 일어나자, 전라우도 수군절도사가 되어 唐浦·玉浦·安骨浦·絶影島 등의 해전에서 왜적을 크게 격파했다. 이순신이 무고로 투옥되자 李恒福·金命元 등과 함께 이순신의 무죄를 주장했다. 1597년 정유재란 때 통제사 元均의 휘하에서 부산에 있던 왜적을 공격하다가 漆川梁海戰에서 전사했다.

병을 구원하니 부모의 병환과 다름이 없었다. 그리고 다행히도 다시 원기(元氣)를 회복하여 장계(狀啓)를 올려 진(陣)을 한산도(閑山島)로 옮길 것을 청하니, 왜적이 두려움에 떨어서 물러났다.

甲午, 李統制整束水軍, 未及發船, 猝有病攝, 公與宋希立[279]·丁景達[280]·吳益昌[281]等, 殫誠求病, 無異親癠。而幸復天和[282], 啓請移陣閒山島, 賊畏惕而退。

42. 한산도에서의 승전

3월 19일, 왜선 3척이 별안간 와서 포구에 정박하였는데, 몇 명의 왜적이 뱃머리에 서서 몇 마디를 크게 외치기를, "조선(朝鮮)이 비록

---

279 宋希立(송희립, 생몰년 미상): 본관 礪山, 자는 信仲. 현감 宋寬의 둘째아들이다. 1583년 무과에 급제한 무신이었다. 1592년 임진왜란이 일어나자, 智島萬戶로 형 宋大立과 함께 의병을 모아 통제사 李舜臣 휘하에 들어가 종군하고, 1598년 정유재란 때 노량해전에서 왜군에게 포위된 명나라 都督 陳璘을 구출하면서 전신에 중상을 입었다. 1601년 梁山군수·多大浦僉節制使를 지내고 이어 전라좌도 수군절도사가 되었다.

280 丁景達(정경달, 1542~1602): 본관은 靈光, 자는 而晦, 호는 盤谷. 1592년 임진왜란이 일어나자 선산군수로서 의병을 모으고 관찰사 金誠一, 병마절도사 曺大坤과 함께 奇略을 써서 적을 金烏山 아래에서 대파하였다. 1594년에는 당시 수군통제사 李舜臣의 啓請으로 그의 從事官이 되었다.

281 吳益昌(오익창, 생몰년 미상): 본관은 咸陽, 자는 裕遠, 호는 沙湖. 茂長 출신. 1597년 정유재란이 일어나자 산곡간의 피난민 수천명을 이끌고, 통제사 李舜臣을 도와 적탄을 무릅쓰고 군량과 무기를 운반하였다. 그 공으로 察訪에 임명되고 이어서 공조정랑에 올랐다.

282 天和(천화): 사람의 元氣.

100개의 조선이고 한산(閑山)이 비록 100개의 한산이라 하더라도 우리를 어찌할 것인가?"라고 하자, 이공(李公: 이순신)이 거짓으로 겁먹은 척하고 물러났다. 왜적의 우두머리가 쇠 투구를 쓰고 붉은 갑옷을 입고서 배를 점점 가까이 가도록 재촉하니, 수사(水使) 이억기(李憶祺: 李億祺의 오기)가 우리 군사들을 지휘하여 크게 포와 활을 쏘았고, 공(公)도 유엽전(柳葉箭)으로 왜적의 우두머리를 쏘니 곧장 바닷속으로 엎어졌다. 군사들이 승세로 인해 남은 왜적도 잡아 죽이고 돌아오니, 이장(李將: 이순신)이 크게 기뻐하여 말하기를, "하늘이 낸 자가 대중(大中)이고, 적을 쏜 자가 대중이로다."라고 하며 누차 감탄하고 칭찬하였다. 일찍이 밤에 달이 밝고 날씨가 차가우니 이장(李將)이 공(公)과 더불어 억지로 술을 마셔보나 온갖 시름 금할 수 없어 서로 시를 주고받았다.【협주: 원집(原集)을 보라.】

三月十九日, 倭船三隻, 闖然來泊於浦口, 數倭立船頭, 大喝數聲 曰: "朝鮮雖百朝鮮, 閒山雖百閒山, 其奈余何?" 李公佯愶而退。倭酋着金胃[283]紅甲, 促船漸近, 水使李憶祺, 指揮我師, 大放炮箭, 公以柳葉箭[284]射賊酋, 卽仆于洋中。諸軍因勝勢, 捕殺餘賊而還, 李將大喜曰: "天生大中, 射賊大中." 屢加歎賞。嘗夜月明天寒, 李將與公强飮, 不禁愁緖, 相與吟唱。【見原集】

《이충무공전서》 권9, 부록1, 行錄(從子正郎芬), 계사년 2월 8일

283 金胃(금위): 金冑의 오기.

284 柳葉箭(유엽전): 살촉을 버들잎처럼 만든 화살. 武科, 覆試의 取材 및 모든 試取와 習射에 쓰이며, 무게는 八錢, 五矢이다.

43. 거제도 전투에서 황대중의 부상

10월 1일, 왜장 평행장(平行長: 소서행장)이 거제(巨濟)에 진(陣)을 치고 왜적의 형세가 심히 왕성하니, 이장(李將: 이순신) 또한 군마(軍馬)로 성대히 진을 쳐 시위하였다. 공(公)이 배 위에서 종일토록 싸움을 독려하며 왜적을 쏘아 죽인 자가 수십 급(級)이었는데, 미처 배를 돌리기도 전에 적의 탄환에 맞아서 오른쪽 무릎에 상처를 입었다. 이장(李將)이 매우 놀라서 막사(幕舍)로 데려오도록 명하고 공(公)의 무릎을 어루만지며 말하기를, "예전엔 효건(孝蹇)이더니 지금은 또 충건(忠蹇)인가?"라고 하였다. 10여 일이 지나자 다행히 깨어났다.

十月初一日。倭平行長, 屯巨濟[285], 兵勢甚盛, 李將亦以盛陣軍馬示之。公於船上, 終日督戰, 射賊死者數十級, 未及回船, 爲賊丸所中, 右股輒傷。李將大驚, 命舁入幕中, 撫公之股, 曰: "昔孝蹇, 今又忠蹇耶." 過十餘日, 幸而得甦。

《이충무공전서》 권9, 부록1, 行錄(從子正郎芬), 병신년 겨울

44. 왜장 소서행장의 반간계로 이순신 하옥

을미년(1595) 정월, 이장(李將: 이순신) 대신 원균(元均)이 통제사(統制使)가 되었는데, 본직(本職)에 그대로 남겨 두었으니 폐해의 말

---

285 巨濟(거제): 巨濟島. 경상남도 남해안에 있는 섬. 동쪽과 남쪽은 대한해협, 서쪽은 통영시, 북쪽은 진해만을 지나 통영시·창원시와 접한다.

들이 점점 들려왔다. 이때 평행장(平行長: 소서행장)이 이장(李將)을 제거하려고 온갖 계교를 도모하여 요시라(要時羅)를 시켜 반간계(反間計)를 행하도록 하였는데, 요시라가 말하기를, "청정(淸正: 가등청정)이 오래지 않아서 다시 출정할 것이니, 조선(朝鮮)이 만약 수군들에게 유인하여 대양(大洋) 가운데로 끌어들이도록 하여 죽이면 화친(和親)하는 일이 이루어질 수 있을 것이오."라고 하였다. 조정에서 그 계책에 빠져 이장(李將)에게 나아가 싸우면서 청정을 유인해 죽이도록 재촉하였으나, 이장(李將)은 왜적의 간사한 속임수를 미리 알고 끝내 전진하지 않으니 일이 조정에 알려지자 모두 의심하고 책망하였다. 정유년(1597) 1월 15일 대간(臺諫)에서 잡아들여 국문하자고 청하였고, 2월 25일 이순신은 잡혀서 길을 떠났다. 주상이 오히려 주문(奏聞)된 것들을 의심하고 어사(御史: 南以信)를 파견하여 영남과 호남에 가서 염탐하게 하였더니, 연로(沿路)에 가는 곳마다 군민(軍民)들이 길을 막고서 이장(李將)이 아무런 죄없이 잡혔다고 통렬하게 떠들며 호소했다. 그런데도 또 사실대로 아뢰지 않아서 이장(李將)이 옥(獄)에 이르자, 주상이 대신(大臣)에게 명하여 그 죄를 논의하게 하였다. 홀로 중추부사(中樞府事) 정탁(鄭琢)만 이순신이 죄가 없음을 극언하고서 말하기를, "명장(名將)을 죽여서는 아니되옵니다. 청컨대 너그러이 용서하시어 훗날 공을 세우도록 하소서."라고 하였다. 그래서 이순신은 한 차례의 고문을 한 다음 사형을 감하여 관직을 삭탈하고 군역(軍役)에 복무하도록 하였다.

乙未正月, 李將代元均[286]爲統制, 仍本職, 害言漸聞。時平行長, 欲除去李將, 百計圖之, 使要時羅[287]行反間[288], 曰: "淸正非久再出, 朝鮮若令舟師誘入, 洋中殺之, 和事可成.” 朝廷墮其計, 促令李將進戰, 誘殺淸正, 李將先知倭之僞詐, 終不前進, 事聞朝廷, 皆疑咎。丁酉正月十五日, 臺諫請拿鞠, 二月二十五日, 李將舜臣, 被拿就途。上猶疑所聞, 遣御史[289], 廉問[290]于嶺湖, 沿路到

286 元均(원균, 1540~1597): 본관은 原州, 자는 平仲. 1592년 경상우도 수군절도사에 임명되어 부임한 지 3개월 뒤에 임진왜란이 일어났다. 왜군이 침입하자 경상좌수영의 수사 朴泓이 달아나버려 저항도 못 해보고 궤멸하고 말았다. 원균도 중과부적으로 맞서 싸우지 못하고 있다가 퇴각했으며 전라좌도 수군절도사 李舜臣에게 원군을 요청하였다. 이순신은 자신의 경계영역을 함부로 넘을 수 없음을 이유로 원군 요청에 즉시 응하지 않다가 5월 2일 20일 만에 조정의 출전 명령을 받고 지원에 나섰다. 5월 7일 玉浦해전에서 이순신과 합세하여 적선 26척을 격침하였다. 이후 합포해전·적진포해전·사천포해전·당포해전·당항포해전·율포해전·한산도대첩·안골포해전·부산포해전 등에 참전하여 이순신과 함께 일본수군을 무찔렀다. 1593년 이순신이 삼도수군통제사가 되자 그의 휘하에서 지휘를 받게 되었다. 이순신보다 경력이 높았기 때문에 서로 불편한 관계가 되었으며 두 장수 사이에 불화가 생기게 되었다. 이에 원균은 해군을 떠나 육군인 충청절도사로 자리를 옮겨 상당산성을 개축하였고 이후에는 전라 좌병사로 옮겼다. 1597년 정유재란 때 가토 기요마사가 쳐들어오자 수군이 앞장서 막아야 한다는 건의가 있었지만, 이순신이 이를 반대하여 출병을 거부하자 수군통제사를 파직당하고 투옥되었다. 원균은 이순신의 후임으로 수군통제사가 되었다. 7월 칠천량해전에서 일본군의 교란작전에 말려 참패하고 전라우도 수군절도사 李億祺 등과 함께 전사하였다.

287 要時羅(요시라, ?~1598): 임진왜란 당시 고니시 유키나(小西行長)가 부대에 소속된 무관. 조선과 명나라에서 파견한 사신들의 접대와 통역을 담당하였다. 1594년 경상우병사의 鎭에 드나들면서 거짓 귀순하면서 첩자 활동을 벌였다. 그 뒤 1597년 삼도수군통제사 이순신을 모함하고 하옥하게 하였다. 그 결과, 원균을 통제사로 삼으면서 칠천량 해전의 패배를 불러오고 말았다.

288 反間(반간): 反間計. 적의 첩자를 이용하여 적을 제압하는 계책.

289 御史(어사): 南以信(1562~1608)을 가리킴. 본관은 宜寧. 자는 自有, 호는 直谷. 이조판서 南以恭의 형이다. 1590년 증광 문과에 급제해 1593년 承政院假注書가 되었으며 주서·世子侍講院文學·예조정랑을 지냈다. 사간원 헌납, 사헌

處, 軍民遮路, 呼痛訟李將無罪。又不以實聞, 李將至獄, 上命大臣論罪。獨中樞府使鄭琢[291], 極言舜臣無罪而言: "名將不可殺。請寬恕, 以責後效." 栲問一次, 減死削職充軍[292]。

『징비록』 Ⅱ-10

45. 이항복의 장계로 이순신 특별사면

3월 3일 공(公)이 송희립(宋希立)·정경달(丁景達) 등 수십 명과 28일에 궁궐 앞에서 호소하기로 하면서 한 말이 있으니, "지금 나라의 존망은 이 아무개의 생사에 달려 있다."라고 하였다. 이때 김명원(金命元)·이항복(李恒福)이 장계(狀啓)를 올려 이순신이 죄가 없음을 사실대로 밝혀서 4월 1일에 특별히 용서를 받았다. 7월 16일 수사(水

부 지평 등을 거쳐 1600년 경기도관찰사가 되었으며, 그해 奏聞使로 명나라에 다녀왔다.

290 廉問(염문): 남의 사정이나 비밀 따위를 몰래 알아냄.

291 鄭琢(정탁, 1526~1605): 본관은 淸州, 자는 子精, 호는 藥圃·栢谷. 예천 출신이다. 1592년 임진왜란이 일어나자 좌찬성으로 왕을 의주까지 호종하였다. 經史는 물론 천문·지리·象數·兵家 등에 이르기까지 정통하였다. 1594년에는 郭再祐·金德齡 등의 명장을 천거하여 전란 중에 공을 세우게 했으며, 이듬해 우의정이 되었다. 1597년 정유재란이 일어나자 72세의 노령으로 스스로 전장에 나가서 군사들의 사기를 앙양시키려고 했으나, 왕이 연로함을 들어 만류하였다. 특히, 그해 3월에는 옥중의 李舜)을 극력 伸救하여 죽음을 면하게 하였으며, 水陸倂進挾攻策을 건의하였다. 1599년 병으로 잠시 귀향했다가 이듬해 좌의정에 승진되고 판중추부사를 거쳐, 1603년 영중추부사에 올랐다.

292 充軍(충군): 군대에 편입함. 죄를 지은 벼슬아치를 軍役에 복무시키거나 죄를 지은 평민을 賤役軍에 편입.

使) 이억기(李億祺)가 죽었고, 3도(道)의 수군이 모두 무너졌다.

三月初三日, 公與宋希立·丁景達數十人, 叫閽[293]二十八日, 而有曰: "今國家存亡, 在李某之死生." 時金公命元·李公恒福, 入啓伸救[294], 四月初一日, 特蒙恩宥。七月十六日, 水使李億祺死之, 三道舟師皆潰。

『징비록』 Ⅱ-14

《이충무공전서》 권9, 부록1, 行錄(從子正郎芬), 정유년 7월 16일

46. 이순신을 재차 삼도수군통제사로 삼음

8월 3일 한산도(閑山島)의 패배 보고가 이르자, 조정에서 다시 이순신(李舜臣)을 통제사로 삼았다. 장수와 병사들이 소식을 듣고 모두 차츰 와서 모였는데, 이장(李將: 이순신)이 공(公) 및 군관(軍官) 9명·아병(牙兵) 6명과 함께 진주(晉州)에서 순천(順天)에 이르자 산병(散兵: 뿔뿔이 흩어진 병졸) 100여 명이 모여들었고, 보성(寶城)에 이르자 2천여 명이 되었으며, 또 진도(珍島)를 향하자 수군들이 대거 모여들었다.

八月初三日, 閒山敗報至, 朝廷復以李舜臣爲統制使。將士皆稍稍來集, 李將與公及軍官九人·牙兵六人, 自晉州至順天[295], 收

---

293 叫閽(규혼): 관리나 일반 백성이 억울한 일을 당했을 때 대궐 문 앞에 나아가 하소연하던 것.

294 伸救(신구): 죄가 없음을 사실대로 밝힘.

295 順天(순천): 전라남도 동남쪽에 있는 고을. 동쪽은 광양시, 서쪽은 화순군·보성

得散兵百餘，至寶城[296]乃二千有餘，又向珍島，大會舟師。

《이충무공전서》 권9, 부록1, 行錄(從子正郎芬), 정유년 8월 3일

47. 전라병사 이복남과 함께 황대중이 남원에 도착

이때 남원(南原)이 위급해지자, 체찰사(體察使) 이원익(李元翼)이 장계(狀啓)를 올려 각 영문(營門)의 재주 있는 군관(軍官)을 격문(檄文)으로 불러서 남원을 구하게 해달라고 청하였다. 공(公)이 또 선발하는데 응하고 이장(李將: 이순신)에게 울며 사례하여 말하기를, "진주(晉州)의 전투에서 요행히 죽지 않고 살아와 영공(令公)의 통제를 받은 것은 죽고 사는 고생을 함께한 것이었소이다. 지금 영공을 버려두고 남원으로 향하는데, 소집된 장수들을 낱낱이 모두 아는데 뛰어나고 예리한 노숙한 장수가 없는 데다 정다운 벗과 같은 은혜롭고 인자한 장수도 없으니 임기응변을 누구와 함께 할 수 있으리까? 일은 마지못한 데서 나오리다."라고 하였다. 곧바로 병사(兵使) 이복남(李福男)과 함께 남원을 향해 달려갔으니, 곧 정유년(1597) 8월 6일이었다.

時南原[297]危急，體察使李公元翼，啓請檄召各營門一才軍官，

군, 남쪽은 순천만의 여수시·보성군, 북쪽은 구례군·곡성군과 접한다.

296 寶城(보성): 전라남도 남부 중앙부에 있는 고을. 동쪽은 순천시, 서쪽은 화순군·장흥군, 남쪽은 득량만과 고흥군, 북쪽은 화순군과 접한다.

297 南原(남원): 전라북도 남동부에 있는 고을. 동쪽으로 경남 함양군·하동군, 서쪽으로 임실군·순창군, 북쪽으로 장수군, 남쪽으로 전남 구례군·곡성군과 접한다.

使救南原。公又入其抄, 泣謝李將, 曰: “晉州之戰, 幸而不死, 來受令公[298]節度者, 欲與死生同苦矣。今棄令公而向南原, 其所集諸將, 歷歷皆知, 旣無精利老熟之將, 又無情親恩仁之帥, 隨機應變, 與誰共之? 事出不已.” 直馳與兵使李福男[299], 向南原, 卽丁酉八月初六日也。

48. 황석산성의 싸움

왜장 청정(淸正: 가등청정)이 서생포(西生浦)로부터 전라도(全羅道)로 향했는데, 평행장(平行長: 소서행장)과 합세하여 남원(南原)을 공격하러 나아가는 것이었다. 원수(元帥: 權慄) 이하 모두 풍문만 듣고도 달아나면서 각처의 산성(山城)에 들어가 지키고 있는 자에게 전령(傳令)하여 모두 흩어져 가라고 하였다. 오직 의병장 곽재우(郭再祐)만 창녕(昌寧)의 화왕산성(火王山城: 火旺山城의 오기)에 들어가 죽기로써 지킬 것을 기약하였다. 안음 현감(安陰縣監) 곽준(郭䞭)이 황석산성(黃石山城)에 들어갔는데, 모든 군사들이 다 궤멸되자 곽준은 그의 아들 곽이상(郭履祥: 郭履常의 오기)·곽이후(郭履厚)와 모두 죽었다.

---

298 令公(영공): 벼슬아치들끼리 서로 높여 부르는 말.

299 李福男(이복남, ?~1597): 본관은 羽溪. 일찍이 무과에 급제한 뒤 1592년 나주판관이 되고, 이듬해 전라방어사·忠淸助防將이 되었다. 1594년에는 남원부사·전라도병마절도사, 1595년에는 나주목사 등을 역임하였다. 다시 전라도병마절도사가 되었고, 1597년 정유재란 때 남원성에서 왜군과 싸우던 중, 조방장 金敬老, 山城別將 申浩 등과 함께 전사하였다.

조종도(趙宗道)가 성안으로 들어가서 시를 지었으니, 이러하다.

공동산 밖에서는 사는 것이 기뻤지만 崆峒山外生猶喜
순원성 안에서는 죽는 것도 영광일세. 巡遠城中死亦榮

倭將淸正, 自西生浦[300], 向全羅道, 與平行長合勢, 進攻南原。元帥[301]以下, 皆望風引去, 傳令各處山城入守者, 皆散去。惟義兵將郭再祐, 入昌寧[302]火王山城[303], 期死守之。安陰[304]縣監郭䞭[305], 入黃石山城[306], 諸軍皆潰, 䞭與子履祥[307]·履厚[308]皆死。趙宗道[309]

---

300 西生浦(서생포): 경상북도 울산광역시 울주군 서생면 서생리에 있는 포구. 回夜江 어귀의 포구인데, 1593년 왜군이 이곳까지 쫓겨 와서 지구전을 펴기 위하여 돌로 쌓은 城이 있다.

301 元帥(원수): 權慄(1537~1599)을 가리킴.

302 昌寧(창녕): 경상남도 북부에 있는 고을. 동쪽으로는 밀양시, 서쪽으로는 합천군·의령군, 남쪽으로는 함안군·창원시, 북쪽으로는 대구광역시 및 경상북도 청도군과 접한다.

303 火王山城(화왕산성): 火旺山城의 오기. 경상남도 창녕군 창녕읍 옥천리에 있는 산성. 군사상의 요충지이므로 임진왜란 때인 1596년 체찰사 李元翼이 수축하고, 이듬해에는 의병장 郭再祐가 이 성을 지키며 내성을 쌓고 이곳을 본거지로 하여 영남일대에서 눈부신 전공을 세우게 되었다고 한다.

304 安陰(안음): 경상남도 함양의 옛 지명. 남동쪽은 산청군, 북동쪽은 거창군, 북서쪽은 전라북도 장수군, 남쪽은 하동군, 남서쪽은 전라북도 남원시와 접한다.

305 郭䞭(곽준, 1551~1597): 본관은 玄風, 자는 養靜, 호는 存齋. 1592년 임진왜란 때 金沔과 함께 의병으로 출전하여 크게 공을 세웠고, 1594년 安陰縣監에 발탁되어 정유재란 당시 黃石山城을 수호할 때 아들 履常과 履厚와 함께 끝까지 항전하다가 전사하였다. 이때 함양군수가 趙宗道였는데, 그도 함께 죽었다.

306 黃石山城(황석산성): 경상남도 함양군 서하면 봉전리에 있는 삼국시대의 산성. 1597년 왜군이 다시 침입하자 체찰사 李元翼은, 이 성이 호남과 영남을 잇는

入城中, 作詩曰: "崆峒山[310]外生猶喜, 巡遠城[311]中死亦榮."

『징비록』 Ⅱ-13

49. 남원성의 함락

이때 밖으로부터 구원병이 없자, 천조(天朝: 명나라) 총병(總兵) 양원(楊元)이 달아나 죽임을 면했으나 전라 병사(全羅兵使) 이복남(李福男)·남원 부사(南原府使) 임현(任鉉)·조방장(助防將) 김경로(金敬老)·구례 현감(求禮縣監) 이원춘(李元春)·접반사(接伴使) 정기원(鄭期遠)이 모두 전사하였다. 이보다 앞서 총병 양원이 남원에 이르러서는 성(城)을 1장(丈) 더 올려 쌓았으며, 성밖에 만들어 놓은 양마장(羊馬場)에다 포를 쏠 구멍을 많이 뚫어놓았으며, 성문(城門) 위에 대포 두세 개를 안전하게 묻어두었으며, 참호를 한두 길이나 깊이

요새이므로 왜군이 반드시 노릴 것으로 판단하여 인근의 주민들을 동원하여 지키도록 하였다. 그러나 김해부사 白士霖이 성을 넘어 도망하자 왜군이 난입하여 끝까지 싸우던 함양군수 趙宗道와 안음현감 郭越은 전사하였다.

307 履祥(이상): 郭履常(1578~1597)의 오기. 본관은 玄風.

308 履厚(이후): 郭履厚(1580~1597). 본관은 玄風.

309 趙宗道(조종도, 1537~1597): 본관은 咸安, 자는 伯由. 호는 大笑軒. 1589년 鄭汝立의 모반 사건에 연루되어 투옥되었다가 석방되었으며, 1592년 임진왜란 때 단성현감을 지내고 1596년 咸陽郡守에 있다가 병으로 사임했다. 1597년 정유재란 때 의병을 규합, 안음현감 郭越과 함께 黃石山城에서 왜장 加藤清正이 인솔한 적과 싸우다 전사했다.

310 崆峒山(공동산): 중국의 甘肅省에 있는 산 이름.

311 巡遠城(순원성): 睢陽城을 가리킴. 唐나라 玄宗 때 安祿山이 반란을 일으키자 張巡과 許遠이 睢陽城을 지키다가 절사한 데서 나온 말이다.

파놓았다.

한산도(閑山島)에서 패하자, 왜적이 바다와 육지로 동시에 진격해와 남원이 매우 위급하니 성안이 흉흉하여 인민들은 도망하여 흩어졌다. 총병 양원이 거느린 요동(遼東)의 군마(軍馬) 3천이 성안에 있으면서 격문(檄文)으로 병사(兵使) 이복남을 부르니, 이복남이 거느리고 온 군사는 겨우 100여 명이었다. 왜적이 성 아래에 이르러 조총(鳥銃)을 쏘자, 우리 군사들은 모두 흩어져 밭이랑에 엎드렸다. 8월 7일 이원춘·김경로가 뒤를 이어 이르렀는데, 10일 왜적들이 포진하여 남원성의 3면을 둘러싸고 총포를 번갈아 쏘아댔다. 이때보다 먼저 남문(南門) 밖에는 민가들이 빽빽하게 있었는데, 총병 양원이 모두 불태우게 하였으나 여전히 돌담이나 흙벽이 그대로 남아 있었다. 왜적들이 담과 벽 사이에 몸을 숨기고서 탄환을 쏘아 죽은 아군이 매우 많았다. 12일 성 위에 있던 사람이 멀리 바라보니, 왜적들이 풀 및 논의 벼 이삭을 베어서 큰 다발 수천 개를 만들어 담과 벽 사이에 쌓아놓았다.

이때 유격장군(遊擊將軍) 진우충(陳愚衷)이 병사 3천 명을 거느리고 전주(全州)에 있었는데, 남원의 군사들이 날마다 와서 도와주기를 바랐으나 오래도록 오지 않으니, 이 때문에 아군은 굳게 지키기만 하고 싸우지 않았다. 적군들은 스스로 빈틈없이 모의하였기 때문에 여러 날 동안 서로 버티었는데, 13일 성첩(城堞)을 지키던 군사들이 때때로 달아나고자 하는 뜻이 있었다. 왜적들이 성을 향하여 포를 어지러이 쏘아대니 날아오는 탄환이 우박처럼 떨어졌다. 얼마 뒤에 풀 다발로 이미 참호를 평평하게 메우고 또 양마장의 안팎에도 무더기로 쌓아 올려서 순식간에 성 높이와 가지런하니, 왜적들이 짓이기며 성으로 올라왔다. 총병 양원 및 병사 이복남의 군사들은 모두 상대하여 싸울 마음이 없었으며, 모두 말을 타고 다투어 성문을 빠져나가려고 하니 길거리를 꽉 메웠다. 왜적들은 성 밖에서 두세 겹으로 포위하고 각각 요로를 지키고 있다가 긴 칼을 휘둘러 어지럽게 내리찍으니, 아군은 머리를 숙이고 칼을 받았으나 양원은 달아나 죽임을 면하였다.

是時, 外無蟻援[312], 天朝揚兵楊元[313]走免, 全羅兵使李福男·南原府使任鉉[314]·助防將金敬老[315]·求禮縣監李元春[316]·接伴使鄭

---

312 蟻援(의원): 구원하러 온 군사를 이르는 말.

313 楊元(양원): 명나라 장수. 조선으로 파병될 때는 좌협대장의 임무를 띠고 여러 명의 부총병과 參將, 遊擊 등을 통솔했다. 평양성 전투에 참전해 평양 회복에 주도적인 역할을 했다. 하지만 1597년 南原城 전투에서 크게 패배해 인솔하고 있던 병력 대부분과 여러 장수를 잃었다. 패전의 책임 때문에 탄핵 되어 관직을 잃고 본국으로 소환되었고, 이후 사형을 당하였다.

314 任鉉(임현, 1547~1597): 본관은 豊川, 자는 士重, 호는 愛灘. 1591년 동인과 서인간의 당쟁에 말려들어 李海壽·白惟咸 등과 함께 권신들의 죄를 논박하는 소를 올렸다가 서인 鄭澈의 일당이라고 하여 동인의 탄핵을 받고 파직되었다. 이듬해 임진왜란이 일어나자 강원도 도사로 기용되었으며, 이때 춘천에서 왜병 400여 명을 죽이는 전공을 세워 회양부사로 승진되었다. 이어 1594년에 길주부사를 거쳐 함경도병마절도사를 지냈다. 1597년 정유재란이 일어나 적병이 호남에 침입하자 남원부사가 되어 내려갔다. 이때 명나라 장수 楊元과 함께 성을 수비하였는데 양원은 도중에 도망하고 홀로 계속 분전하다가 전사하였다.

315 金敬老(김경로, ?~1597): 남원 출신. 1587년 경성판관이 되어 두만강 주변의 야인을 소탕하는데 전공을 세웠다. 1592년 임진왜란이 일어나자 김해부사로 경상도관찰사 金睟의 막하에서 군사의 규합, 군량 조달 등에 노력하였다. 이듬해 황해도방어사가 되어 관찰사 柳永慶의 명에 따라 해주의 방어를 맡았으며, 1594년 첨지중추부사로서 도원수 權慄의 막하에서 전라도 방어를 맡았다. 1597년

期遠[317], 皆死之。先是, 楊揚兵至南原, 增築城一丈, 城外築羊馬場, 多穿炮穴, 城門上安埋大炮數三坐, 鑿深濠塹一二丈。閒山旣敗, 賊水陸並進, 南原甚急, 城中洶洶, 人民逃散。楊揚兵所領遼東軍馬三千在城內, 檄召兵使李福男, 福男所率, 纔百餘人。到城下, 放鳥銃, 我軍皆散伏田畝。八月初七日, 李元春·金敬老繼至, 初十日, 倭列陣, 環城三面, 以炮銃迭放。先時, 南門外, 民舍稠密, 揚兵楊元皆焚之, 猶餘石墻土壁。賊依墻壁間隱身, 放丸死者甚多。十二日, 城上人望見, 賊衆刈草及田中稻禾, 作

정유재란이 일어나자 왜적이 사천·고성 등지로 상륙하여 남원을 포위하자, 助防將으로 전주에 있던 김경로는 병마절도사 李福男과 함께 결사대를 조직, 남원으로 들어가 방어사 吳應井, 구례현감 李元春과 함께 명나라의 副總兵 楊元을 도와 왜적과 싸우다 성이 함락되자 진지에서 전사하였다.

316 李元春(이원춘, ?~1597): 1584년 북방의 權管에 임명되었다. 1592년 임진왜란이 일어나자 도체찰사 鄭澈의 명령으로 구례현감으로서 운봉현감 南侃과 함께 전라좌도의 관병 5,000여 명을 거느리고, 영남 의병장 鄭仁弘, 호남 의병장 崔慶會 등과 성주를 협공하였으나 실패하였다. 구례는 왜적이 영남으로부터 兩湖로 들어가는 요충지이므로 도체찰사 李元翼에 의하여 助防將에 임명되어 지켰다. 그러나 1597년 왜적이 다시 침범하여 남원성을 포위하고 맹공을 퍼붓자, 구례현감으로 남원성을 지키다가 전사하였다.

317 鄭期遠(정기원, 1559~1597): 본관은 東萊, 자는 士重, 호는 見山. 1589년 사간원정언에 임명되었다. 1592년 임진왜란 때 謝恩使의 서장관으로 명나라에 갔다가 1594년 의주 行在所에 복명한 뒤 병조좌랑에 제수되어 춘추관기사관을 겸했다가 곧 정랑에 임명되었다. 그해 가을에 안악현감에 제수되고, 이듬해 병조정랑을 거쳐 사헌부장령 겸 지제교가 되었다. 1596년 告急奏聞使로 다시 명나라에 가서 沈惟敬이 강화회담을 그르치고 왜군이 다시 침입해올 움직임이 있음을 알렸다. 이듬해 정유재란 때 예조참판으로 명나라 부총병 楊元의 接伴使가 되어 남원에 갔다. 양원은 왜적이 성 가까이 근접하자 승전이 어렵다고 판단해 피신을 권유했으나 이를 거절하고, 왜군과 항쟁하다가 諸將과 함께 전사하였다.

大束數千, 積墻壁間。時遊擊將軍陳愚衷[318], 領兵三千, 在全州, 南原軍日望來援, 久不至, 是以我軍堅守不戰。賊兵自謀綢繆, 是以相持屢日, 十三日, 守堞軍往往有欲遁之意。而倭炮向城亂發, 飛丸如雨雹下。俄而, 草束已平濠, 又堆積羊馬場內外, 頃刻與城齊, 賊兵蹂躪登城。楊揚兵及李兵使諸軍, 皆無對戰之心, 悉促馬爭出門, 塡塞街路。倭兵圍城外數三匝, 各守要地, 奮長刀亂斫之, 我軍俛首受刃, 楊元走免。

『징비록』 Ⅱ-15

50. 남원성에서의 황대중 전사

이보다 앞서 공(公)은 얼마 안 되는 군졸로서 이복남(李福男)·양원(楊元)의 양 진영(陣營) 사이에 처해 있었는데, 기무(機務: 중요한 軍務)와 절도(節度: 통제)가 두 갈래로 갈라지고 하나가 되지 못했다. 그러므로 공(公)은 이에 죽음을 각오하고 말하기를, "남원(南原)은 나의 묘소가 있을 고을로 곧 내가 죽을 곳이다."라고 하며 즉시 말에서 내려 성의 북문(北門) 문루(門樓)에 오르고 북쪽을 향해 4번 절한 뒤 하늘에 축원하였으며, 서쪽으로 풍산(楓山)의 선영(先塋)을 바라

318 陳愚衷(진우충): 정유재란 때 조선에 파견된 명나라 장수. 1597년 정유재란이 발발하자 조선에 파견되어 3,000여 명을 이끌고 전주에 주둔하였다. 그러나 總兵 楊元이 지키던 남원이 함락되자, 진우충 역시 전주성을 버리고 달아났다. 당시 진우충은 남원에서 벗어나서 公州에 주둔하였으나 1597년 9월 체포되어 조사를 받았다.

보고 재배한 뒤 그대로 꼿꼿하게 앉아서 적의 칼을 받았다.

얼마 뒤에 적의 탄환이 문득 날아오자마자 숨이 끊어지고 말았는데, 왜놈들 수십 명이 또한 그 의롭게 죽은 것을 가상하게 여기고 애달피 여겨 호패(戶牌: 신분증명서)를 수색해 찾아서 즉시 비단 3자를 찢고는 그 위에 쓰기를, "조선 충신 황대중"이라고 하여 시신 곁에 걸어 두었으며, 또 그들의 통역사 왜관(倭館)을 시켜 크게 소리치게 하기를, "조선의 사람들아, 너희 나라의 충신 황 아무개가 죽은 것을 알지 못하느냐?"라고 하였다.

이때 주부(主簿) 김완(金完)이 축천정(丑川亭)의 숲 언덕에 있다가 그 소리를 듣고 왜적이 물러나기를 잠시 기다렸다가 공(公)의 시신을 거두어 왔다. 공(公)은 아직도 헐떡거렸는데, 실낱같은 가쁜 숨을 쉬다가 깨어나서 김완이 온 것을 알고는 말하기를, "나의 시신을 거두어 나의 말에 실어서 나의 집에 보내주게나."라고 하였다. 말하기를 마치자 숨을 거두었다. 그의 행낭 자루 속에 간직한 것은 바로 진중일기(陣中日記)였다. 이때가 정유년(1597) 8월 16일이었다.

先是, 公以孤軍單卒, 處於李福男·楊元兩陣之間, 機務節度, 携二不一。故公乃決死曰: "南原是吾邱墓之鄉, 卽我死所矣." 卽下馬登城北門樓, 北向四拜祝天, 又西望楓山先塋再拜, 仍堅坐受刀。俄而, 賊丸輒至卽絶氣, 倭奴數十, 亦嘉其死義而哀之, 搜見戶牌[319], 卽裂帛三尺, 書之曰: "朝鮮忠臣黃大中." 揭于尸傍, 又令其通使倭官, 大呼曰: "朝鮮之人爾, 不知爾國忠臣黃某之死

319 戶牌(호패): 조선시대에 16세 이상의 남자가 차고 다닌 패. 일종의 신분증명서이다.

乎?" 時主簿金完, 在於丑川亭[320]林崖下, 聞之少俟賊退, 來收公尸。公猶奄奄, 有一縷喘息而省, 知其金完之來, 謂曰: "斂我尸, 載我馬, 以歸我家." 言訖而沒。其行橐中所貯者, 卽陣中日記也。時丁酉八月十六日也。

후지(後識)

주부(主簿) 김완(金完)이 친히 상구(喪柩)를 호위하여 집으로 돌아왔다. 이때 나는 나이가 19살이었고 어머니는 50세이었다. 이에 초상(初喪)을 알리려니 그 은덕이 하늘처럼 넓고 커서 끝이 없었는데, 어머니는 하늘을 우러러 부르짖고 땅을 치며 말하기를, "네 아버지가 충신(忠臣)이 되어 죽었으니, 네 어미도 마땅히 열부(烈婦)가 되어 죽어야 하리로다. 천 리나 되는 고향에 와서 홀로 지낼 집에 단지 어린 고아(孤兒: 아버지를 여읜 아이) 하나만이 있을 뿐이지만 다행히도 충신의 후손이 지내는 제사를 바랄 수 있을지니, 죽지 않아서 되겠느냐?" 하고는 이윽고 정신을 잃었다가 다시 깨어났다. 나는 실로 못난 자식이라서 능히 고종후(高從厚) 복수장(復讎將)의 충효를 행하지 못하였으니, 이러고도 "그 아비에 그 아들이 있다."라고 하겠는가.

난리가 일어나 6년 동안 공사(公私: 관아와 백성)의 물력(物力)이

---

320 丑川亭(축천정): 남원의 동북쪽에 시냇물이 들이쳐서 이름 지은 丑川의 서쪽 언덕에 있는 정자.

모두 탕진되었다. 종군(從軍)한 자로서 왜적의 칼을 받고 산 자가 얼마 되지 않은데다 집에 있던 자로서 굶주림을 참고 산 자가 또한 얼마 되지 않았으니, 백년 천년의 기전(畿甸: 도성 일대)이 요망한 기운으로 캄캄하였고 삼천리 강산에 인가가 적막하였다. 그리하여 사방의 이웃 간에도 서로 빌려주는 정의(情誼)가 없어지고 구족(九族: 동종 친족) 간에도 구휼하는 예절이 끊겼는데, 심지어 형제도 없고 재물도 없는데 이르러 외롭고 가난한 집에서 이런 망극한 대사를 만났으니, 상례(喪禮)의 절차는 우선 차치하고 장례 지내는 도리는 어쩔 수 없었으나 한 해가 넘어가도록 장사를 지내지 못하였다. 무슨 행운인지 동시에 의병을 일으켰던 집안의 부로(父老)들이 이를 가엾게 여기고, 저 송나라 범순인(范純仁)이 보리를 베풀어서 석연년(石延年)이 미처 치르지 못한 장례를 치르도록 돌보아주었던 의리가 지속되게 해준 까닭에 마을의 동쪽으로 수백 걸음쯤 떨어진 곳에다 겨우 장례를 치르게 되었는데, 무덤 하나의 모습이 미천한 사람이나 천한 졸병의 무덤과 어찌 달랐으랴만 조정의 관원, 대부, 충신, 효자의 무덤이라고는 할 수가 없었다.

장례를 치른 지 한 달 뒤에 상서(尙書) 서성(徐渻)이 선공(先公: 황대중)의 죽음을 애도하여 제문을 지어 보내와 제사를 지냈고, 통제사(統制使) 이순신(李舜臣)이 고금도(古今島)에 이르러 제문을 지어 치제(致祭)하고 또 우리집을 보살펴주었다. 지난 무술년(1598) 12월 19일 통제사 이공(李公: 이순신)이 적의 탄환에 맞아 죽었다. 오호라, 통재라!

기해년(1599) 조정에서 비로소 평정(平定)하여 5년이 지난 갑진년

(1604) 3등공신으로 선정하고 충훈부(忠勳府)에 추록(追錄)하였다. 창천(蒼天)이 돌보아주시고 선공(先公)의 영령이 도우시어 나에게 다행스럽게도 두 아들이 있어서 대를 이을 수 있는 경사를 바랄 수 있게 되었다. 그리고 비록 일상적으로 다니는 길이라도 선공(先公)이 지내던 곳을 손으로 가리키며 양건당(兩蹇堂)이라 한다. 당의 앞과 뒤에 대나무를 심고 소나무와 잣나무를 심었으며, 당 앞에는 작은 연못을 만들어서 연못의 동쪽과 서쪽에 연꽃을 심고 난초와 국화를 심었으니, 사시절 우거지고 푸르며 백세토록 꽃다운 향기는 대개 선공(先公)의 우뚝한 절개와 곧은 마음에서 취하리로다.

불초자 정미(廷美)가 삼가 피눈물을 흘리며
글을 모우고 차례를 정하여서 영구히 세상에 전하노라.

金主簿完, 親自護喪歸家, 余時年十九, 慈闈時年五十。於是, 發喪, 昊天罔極, 慈母呼天叩地, 曰: "汝父爲忠臣死, 則汝母當爲烈婦死。而千里落鄉, 孤寓之家, 只有一孤兒, 倖望忠臣之後, 祀事, 而不死可乎?" 因絶而復甦。余實不肖, 不能作高從厚復讐之忠孝, 其可曰: "有是父有是子乎?" 離亂六年, 公私蕩盡。從軍者受刃而生者無幾, 在家者忍飢而生者亦無幾, 千百年畿甸[321]氛祲[322]晦冥, 三千里江山人煙[323]蕭瑟。四隣無假貸之誼, 九族[324]絶

---

321 畿甸(기전): 나라의 수도를 중심으로 하여 그에 가까운 행정 구역을 포괄하는 지역.

322 氛祲(분침): 요망하고 간사스러운 기운.

323 人煙(인연): 보통 사람이 살고 있는 집을 가리킴.

324 九族(구족): 고조, 증조, 조부, 부, 자기, 아들, 손자, 증손, 현손까지의 동종

賵給之禮, 至於無兄弟·無恒産, 孤貧之家, 遭此罔極之大事, 喪禮之節姑舍, 而襄奉[325]之道末如[326], 逾年未葬矣。何幸同時倡義家父老, 爲是矜憫, 俾存范麥[327]之恤義, 故村之東數百步許, 僅成襄禮[328], 一坏形容, 何異於褐夫[329]賤卒之墳也, 不可謂朝仕大夫忠臣孝子之墓矣。葬後之月, 徐尙書渻[330], 哀先公之殉, 作文送祭, 李統制舜臣, 至古今島[331], 作文致祭[332], 而又恤余家。越戊戌十二月十九日, 李統制公, 中賊丸而卒。嗚乎痛哉! 歲己亥, 朝家始平, 越五年甲辰, 錄三等功臣抄定勳府。蒼天眷感, 先靈格佑, 余幸有

친족을 아울러 이르는 말.

325 襄奉(양봉): 장례 지내는 것을 높여 이르는 말.

326 末如(말여): 末如之何. 아주 엉망이 되어서 어찌할 도리가 없음.

327 范麥(범맥): 宋나라 范仲淹의 아들 范純仁이 姑蘇로 가서 보리 500斛을 배에 싣고 오다가, 丹陽에서 아버지의 친구 石延年이 두 달 동안이나 喪을 치르지 못했다는 말을 듣고는, 그 배를 모두 그에게 내준 뒤에 자신은 單騎로 돌아왔다는 고사에서 나온 말.

328 襄禮(양례): 葬禮. 장사지내는 예절.

329 褐夫(갈부): 거친 베옷을 입은 남자. 미천한 사람을 이른다.

330 徐尙書渻(서상서성): 尙書 徐渻(1558~1631). 본관은 達城, 자는 玄紀, 호는 藥峯. 1586년 알성 문과에 급제하고 兵曹佐郎을 거쳐 1592년 임진왜란이 일어나자 왕을 扈從, 號召使 黃廷彧의 從事官으로 咸北에 이르러 황정욱 등이 두 왕자와 함께 적의 포로가 될 때 홀로 탈출했다. 왕의 명령으로 行在所에 이르러 兵曹正郎·直講이 되고, 明將 劉挺을 접대했다. 그 후 암행어사로서 三南을 순찰, 돌아와 濟用監正에 특진되고 경상도·강원도·함경도·평안도·경기도의 관찰사를 역임, 후에 호조·형조·공조의 판서와 判中樞府事를 지냈다. 1613년 癸丑獄事에 연루되어 11년간 유배되었다가 1623년 인조반정으로 형조와 병조의 판서가 되었고, 1624년 李适의 난과 1627년의 정묘호란에 각각 인조를 호종했다.

331 古今島(고금도): 전라남도 완도군 고금면 속한 섬.

332 致祭(치제): 윗사람이 祭物과 祭文을 내리어 죽은 아랫사람을 제사지내는 일.

二子, 庶有望繼承之慶。而雖尋常行路, 指點先公之所居, 曰兩蹇堂。堂前堂後, 種竹種松柏, 築小池於堂前, 而池東池西, 種蓮種蘭菊, 四時蒼碧, 百世芳香, 盖取諸先公卓節貞心之意也。

不肖子廷美[333], 謹泣血纂次, 以傳永世焉。

[兩蹇堂文集卷之三]

333 廷美(정미): 黃廷美(1579~1625). 본관은 長水, 자는 景厚. 뒤에 黃應坤으로 개명하였다.

|양건당 황대중 임진창의격왜일기|

참고자료

발문1

황간(1796~1896)

우리 동방은 충효로 뼈대 있는 집안이 연이어 끊이지 않았거니와, 유독 호남만 가장 충의(忠義)로 더욱 현저했던 것이니 어찌 국가의 토대가 되는 지역이 아니겠는가? 용사(龍蛇: 임진)의 난리를 당했을 때, 천곡(泉谷) 송 충렬(宋忠烈: 송상현)이 맨 먼저 동래(東萊)에서 절개를 지켜 죽었으며, 제봉(霽峯) 고 충렬(高忠烈: 고경명) 및 중봉(重峯) 조 문열(趙文烈: 조헌)이 뒤이어 금산(錦山)에서 목숨을 바쳐 절개를 지켰으며, 건재(健齋) 김 문열(金文烈: 김천일)·족선조(族先祖: 집안의 선조) 무민공(武愍公: 황진) 병사(兵使)·최 충의(崔忠毅: 최경회)가 세상에서 일컫는 삼장사(三壯士)로 동시에 진양(晉陽)에서 순절(殉節)하였으며, 정 충의(鄭忠毅: 정기원)·이 충장(李忠壯: 이복남)·임 충간(任忠簡: 任鉉) 및 나의 선조(先祖) 양건당(兩蹇堂)이 남원(南原)에서 순의(殉義)하였다.

위로 조정에서 그 자손을 거두어 등용하게 하여 작록(爵祿)으로 총애하고 모토(茅土)를 나누어 준 것은 한편으로 그 선조(先祖)의 공로를 드러내면서 보답하는데 법도가 있게 하고 다른 한편으로 후진들이 뒤좇아 따르도록 권하면서 감면해주는데 떳떳함이 있게 한 것이다. 그런데 연대가 이미 멀어졌고 세상이 더욱 말세가 되어서 이미 대대로 받아야 할 나라의 녹봉을 잃고서도 전하는 문헌이 없어 문헌으로 증명할 수가 없으나, 고찰할 수 있는 것이 간간이 아직도 많이 있을 것이다. 오호라, 통재라!

9대조 양건당(兩蹇堂)은 승지(承旨)에 추증되었는데, 공(公)의 사실(事實)이 아직도 남아 있었던 것이 있다. 다행히도 8대조 주부공(主簿公: 황정미)에 힘입은 찬술(纂述)이 선현(先賢)들의 저술(著述)과 함께 먼지가 쌓인 상자 속에 남아 있었지만, 화재에 잃어버리기도 하고 도둑질을 당하여 잃기도 하여 약간만 거두어져 보관되어 있는 것이 미처 열에 하나도 되지 못한다.

아아, 내가 못나서 약관의 나이에 이르지도 못했을 때 갑자기 부모님이 돌아가시어 동서로 떠돌아다니며 미음과 죽조차 얻어먹기가 실로 어려웠으니, 어찌 계술(繼述: 선조의 찬술을 이어받음)할 겨를이 있었겠는가? 말이 여기에 미치자, 그저 절로 눈물이 줄줄 흘러내렸던 것이 10여 년이 되었다. 지난 임진년(1892) 가을 경성(京城)에 올라갔을 때, 무민공(武愍公)의 사손(嗣孫)인 도사(都事) 군겸(君謙: 黃瑩)이 나에게 말하기를, "우리 집안을 중세 이후로부터 오늘날에까지 모두 대대로 문벌(門閥)이라고 일컫는 것은 실로 두 분의 선조(先祖)가 계사년(1593)과 정유년(1597)에 순국하여 남긴 공렬(功烈)로 말미암은 것입니다. 그리고 심지어 양건당 선조의 행실과 우뚝한 절개는 이미 남원(南原)과 강진(康津) 두 읍지(邑誌) 및 각종 사초(史草)에 드러나 곳곳마다 소상하게 밝혀져 있거늘, 한번 정려(旌閭)를 포상하는 것으로 그친단 말입니까? 어찌 후손 된 자가 눈물을 머금고 개탄할 것이 아니겠습니까?"라고 하였다. 듣기를 다 끝내기도 전에 흠칫 놀라며 깨닫게 되었다.

2년 지난 갑오년(1594) 3월 6일 대가(大駕)가 대궐 밖으로 나왔을 때 도내의 유림(儒林)들과 다 함께 연명 상소(聯名上疏)로 나란히 임금에게 호소하기로 상의하고 8일에 입계(入啓)하여 특별히 추증(追贈)의 은전을 입었는데, 지하에까지 성은(聖恩)이 미쳐서 신명(神明: 천지신명)이 그 돌봄에 감격하리니 자손의 영광과 행운이 어떠하겠는가? 즉시 정려(旌閭)의 현판(懸板)을 수리하여 고치고 유고(遺藁)의 실적(實蹟: 실제의 자취)을 또한 장차 간행하려 하였다. 때가 어지러운 것으로 인해 이루어지지 못하다가 2년이 지난 병신년(1896)에서야 계속해서 서술하기로 기약하였는데, 일은 크고 힘은 미약하니 한숨이 나오며 홀로 탄식하였다. 족질(族姪: 같은 집안의 조카) 황익현(黃益炫)이 의논할 때마다 호응하며 공력(功力)을 보탠 것이 적지 않은데다 그의 정성과 효도가 더욱 매우 간절하여서 근근이 일을 마치고 편찬이 이루어졌다. 그러나 어찌 화호(畫葫: 옛 사람이 그린 양식에 따라서 호리병을 그림, 곧 구태를 답습함)했다는 책망을 면할 수 있으랴? 다만 이로써 가업(家業)을 전하니, 이어서 서술이 있기를 바란다.

영력(永曆) 250년 병신년(1896) 정월 16일

9세손 황간(黃柬)이 피눈물 흘리며 삼가 발문을 쓰다

跋1

我東, 忠孝故家[1], 磊落[2]相望, 而惟獨湖南, 最以忠義尤著者,

---

1 故家(고가): 여러 대를 두고 행세하며 잘 살아온 집안.

2 磊落(뇌락): 수북하게 쌓여 있는 모양.

豈非國家根本之所在耶? 當龍蛇之難, 泉谷宋忠烈, 首先立節於東萊, 霽峯高忠烈及重峯趙文烈, 繼而死節於錦山, 健齋金文烈·族先祖武愍公兵使·崔忠毅, 世稱三壯士, 而同時殉節於晉陽, 鄭忠毅·李忠壯·任忠簡及吾先祖兩蹇堂, 殉義於南原。

上自朝家收用其子孫, 寵之以爵祿, 裂之以茅土[3]者, 一以彰厥祖之勳勞, 報復有典, 一以勸後進之追襲, 蠲減[4]有常矣。年代旣遠, 世級愈降, 旣失世祿, 而無傳莫徵文憲[5], 而可考者, 間多有之, 嗚呼痛矣!

九世祖兩蹇堂, 贈承旨, 公事實, 猶有餘存者。幸賴八世祖主簿公纂述, 與先賢著述, 遺在塵匧中, 或失於火, 或失於盜, 而若干收藏者, 未爲十之一。嗟乎! 逮余不肖, 未及弱冠, 奄哭怙恃[6], 東西棲屑[7], 實難饘粥之謀, 安有繼述之暇哉? 言念及此, 徒自泫然[8]者, 十數年矣。去壬辰秋, 上京時, 武愍公嗣孫, 都事君謙[9], 謂余曰: "吾家, 自中世以後, 克至于今, 皆稱世閥者, 寔由於兩祖

3 茅土(모토): 천자가 제후를 봉해 줄 때에 띠(茅)에다 흙을 싸서 나누어 줌.

4 蠲減(견감): 조세 등의 일부분을 면제하여 줌.

5 文憲(문헌): 文獻의 오기.

6 怙恃(호시): 부모를 이르는 말.

7 棲屑(서설): 일정한 거처 없이 떠돌아 다님.

8 泫然(현연): 눈물이 줄줄 흐르는 모양.

9 君謙(군겸): 黃瑩(1850~1903)의 字. 본관은 長水, 호는 陶石. 출신지는 전라북도 남원이다. 진주성 싸움에서 순절한 武愍公 黃進의 10세손이다. 그는 집안이 가난하였으나 학문하기를 좋아하였다. 종일 무릎을 꿇고 앉아, 손에서 책을 놓지 않았다. 溪雲 金洛鉉의 문하에 나아가 학문을 배웠다. 勉菴 崔益鉉과는 우정이 두터웠다. 조정에서 그에게 蔭職으로 通仕郎 義禁府都事를 제수하였다.

癸丁殉國之餘烈。而至於兩蹇先祖 其實行卓節, 旣著南康兩邑誌及各種史草, 在在昭詳 而一是褒旌而止哉? 豈非爲後孫者, 飮泣慨歎者乎?" 聽未迄, 瞿然省悟。越二年甲午, 春三月初六日, 動駕[10]時, 咸與道內儒林, 相議聯章齊籲於紸纊[11]之下, 初八日入啓, 特蒙貤贈之典, 而恩及泉壤, 神明之眷感, 子孫之榮幸, 爲如何哉? 卽欲修改旌閭懸板, 而遺藁實蹟, 亦將鋟刊矣。因時亂未果, 越二年丙申, 期欲續述, 則事巨力綿, 吁吁獨歎。族姪益炫[12], 徇議相應, 助力不少, 其誠孝尤極懇惻, 僅僅訖工而成編。烏得免畫葫[13]之誚乎? 以之傳家, 庶望有踵述焉。

永曆[14]二百五十年丙申元月旣望 九世孫柬[15]泣血謹跋

---

10 動駕(동가): 임금이 탄 수레가 대궐 밖으로 나감.

11 紸纊(주광): 임금은 긴요한 일밖에 듣지 말아야 한다는 경계의 뜻으로, 누른 색 솜으로 둥글게 만들어 冠 양쪽에 붙여 드리워서 귀를 막는 물건.

12 益炫(익현): 黃益顯(?~1942)의 오기. 본관은 長水, 자는 益三.

13 畫葫(화호): 옛사람이 그린 樣式에 따라서 호리병을 그리듯이, 옛사람의 것을 본뜨기만 하고 스스로 새로운 생각을 창안해 내지 못함을 이르는 말. 宋太祖가 일찍이 翰林學士 陶穀을 조롱하여 이르기를 "듣건대 한림학사는 制書를 草할 때에 모두 옛사람이 저술해 놓은 舊本을 점검하여 詞語만 바꾸어서 쓴다고 하니, 이것이 바로 세속에서 말하는 '옛사람의 양식에 따라 호리병을 그린다.'라는 것이니, 무슨 힘을 쓴 것이 있겠는가."라고 했던 데서 온 말이다.

14 永曆(영력): 중국 南明의 영력제의 연호(1647~1662).

15 柬(간): 黃柬(1796~1896). 본관은 長水, 자는 聖簡.

발문2

황익현(?~1942)

임진년(1892) 겨울에 죽탄(竹灘) 족숙(族叔) 황간(黃柬)이 나를 찾아와 말하기를, "10대조 양건당(兩蹇堂)이 남긴 충효의 자취가 정리되어 남아 있는 것이 미처 열에 하나도 되지 못하니, 세월이 점점 멀어짐에 따라 명성과 광채가 점차 희미해지면서 묻혀 사라지고 알려지지 않는 지경에 쉬 이를 것이다. 그러므로 비록 간행하여 오래도록 전하여 위로는 국조(國朝: 조정)에서 육성한 아름다운 법도를 드날리고 아래로는 우리 집안의 대대로 이어온 덕과 끼친 공적을 밝히고자 하였어도, 아! 우리 집안사람들은 가난하고 굶주려서 한 사람도 힘을 쓸 수가 없으니 자손 된 자라면 누군들 번뇌하며 개탄하는 마음이 없겠는가?"라고 하였다. 말이 미처 끝나지도 않아서 눈물이 먼저 떨어져 가슴을 적시었고, 저도 모르게 조상을 추모하는 마음이 일게 하였다. 내가 비록 못나고 형편없을지라도 조상을 사모하고 명분과 절개를 중하게 여기는 처지에서 또한 어찌 선조의 아름다움을 우러러 이으려는 참된 마음이 없겠는가?

이에, 정색하고 옷깃을 여미고서 두 번 절하고는 고하여 말하기를, "생각건대 옛날 도사행(陶士行: 陶侃)이 진(晉)나라에서 근왕(勤王)한 것은 700년이 지난 뒤에 장사(長沙)에 사당을 세워 기문(記文)

에 드러내어 백대토록 오래 전해오니, 우리 선조의 절의와 이름난 행실이 지금까지 드러나지 않았던 것도 또한 때가 있는가 봅니다." 라고 하였다. 족숙의 참된 뜻이 지극하고 극진하다고 할 수 있으니 어찌 실효를 거두지 못하리라고 염려하겠는가? 더욱 힘써서 간행하려는 뜻을 약속하고 그 뜻이 펼쳐지기를 바라며 서로 헤어졌다.

지난 갑오년(1594)에 상언(上言)하여 특별히 추증(追贈)의 은전을 입었고, 아울러 또 저명한 석학(碩學)과 거장(巨匠)으로부터 기문(記文)과 서문(序文)을 받았는데, 문집 한 편으로 편찬하려고 할 즈음에 시국이 어지러워서 미처 추진하지 못하다가 올해 병신년(1896)에 이르러서야 비로소 간행하게 되었으니, 어찌 한 집안의 영광이 아니겠는가? 다행히 후손들에게 영원히 알려질 수 있게 되었다.

영력(永曆) 250년 병신년(1896) 정월 하순

10세손 황익현(黃益炫)이 피눈물 흘리며 삼가 발문을 쓰다

跋2

歲壬辰冬, 竹灘族叔東, 過余曰: "十世祖兩蹇堂, 忠孝遺蹟, 拾存者, 未爲十之一, 而歲月浸遠, 聲光漸微[1], 易至煙晦無聞。故雖欲鋟刊壽傳, 上而揚國朝作成之懿典, 下而彰吾家世德之遺烈[2], 而嗟我諸族, 旣寒且飢, 一無效力, 爲其子孫者 孰無鬱悒慨歎之

1 歲月浸遠, 聲光漸微(세월침원, 성광점미): 洪良浩의 《耳溪集》 권10 〈序·湖南節義錄序〉에 나오는 구절.

2 上而揚國朝作成之懿典, 下而彰吾家世德之遺烈(상이양국조작성지의전, 하이창오가세덕지유렬): 洪良浩의 《耳溪集》 권10 〈序·湖南節義錄序〉에 나오는 구절을 변용.

心哉?” 言未已, 淚先沾臆, 不覺令人追感。余雖不肖無似, 其在寓羹墻[3]·重名節之地, 亦豈無仰述先美之誠心乎?

於是, 愀然[4]整襟再拜 而告曰: “念昔陶士行[5]之勤王在晉, 七百年後, 始立祠長沙, 而揭之以記, 流傳百世, 吾祖之節義名行, 至今未彰者, 抑亦有時乎?” 族叔之誠意, 可謂至矣盡矣 則何患無成實之效? 期以勉力刊行之意, 申仰相分矣。

越甲午上言, 特蒙貤贈之典, 兼且受記序於名碩巨匠之家, 隨欲彙爲一編際, 値時亂, 未得就緖, 逮今丙申, 始付剞劂, 豈不爲一門之榮? 幸而永有聞於來裔[6]乎。

永曆二百五十年丙申元月下澣 十世孫益炫泣血謹跋

---

3 羹墻(갱장): 경모하고 추념함. 옛날 堯임금이 죽은 뒤에 舜임금이 3년 동안 사모하여, 앉았을 적에는 요임금이 담장[墻]에서 보이고 밥먹을 적에는 요 임금이 국[羹]에서 보였다는 고사에서 나온 말이다.

4 愀然(초연): 정색을 하여 얼굴에 엄정한 빛이 있음.

5 陶士行(도사행): 晉나라 陶侃. 陶淵明의 증조부. 西晉 惠帝 때 江夏太守가 되고, 永嘉의 난에 武昌을 수비, 공을 세웠다. 明帝 때 征南大將軍으로서 王敦의 반란·蘇峻의 變 등을 평정, 統軍 40여 년에 많은 공을 세우고 晋室에 진력했다. 벼슬은 侍中太尉가 되고 長沙郡公으로 봉군되었다.

6 來裔(내예): 후세의 자손.

찾아보기

ㄱ

가산(嘉山) 83, 84
갈봉하(葛逢夏) 99, 100
강계(江界) 71, 72
강진(康津) 44, 47, 138
강화도(江華島) 90
개성(開城) 71, 76
개성부(開城府) 70, 76
거제(巨濟) 115
거창(居昌) 99, 100
경기감사우장직령대월말일(京畿監司雨裝直領大月末日) 63
경복궁(景福宮) 68, 69
경성(京城) 61, 73, 97, 138
경주(慶州) 73, 74, 99
고경명(高敬命) 45, 51, 87
고금도(古今島) 130, 132
고정헌(高廷憲) 26
고종후(高從厚) 105, 107, 129
공동산(崆峒山) 123
공주(公州) 59, 60
과천(果川) 59, 60
곽리상(郭履常) 123
곽이상(郭履祥) 121
곽이후(郭履厚) 121, 123
곽재우(郭再祐) 101, 103, 121
곽준(郭䞭) 121, 122
광무제(光武帝) 68
구황(具滉) 45, 51
구효연(具孝淵) 68, 70
군겸(君謙) 138, 140
군위(軍威) 73, 74
권율(權慄) 101, 102, 104
권징(權徵) 64
귤강광(橘康光) 31, 32
금강(錦江) 59, 60
금산(錦山) 56, 57, 87, 88, 137
금암(金巖) 76, 77
기강(岐江) 101, 103
기장(機長) 73, 74
기효증(奇孝曾) 45, 52
김경로(金敬老) 123, 124, 125
김귀영(金貴榮) 65, 66, 80, 101
김덕란(金德鸞) 45, 50
김만령(金萬齡) 45, 49
김명원(金命元) 39, 42, 73, 78, 101, 104, 118
김몽룡(金夢龍) 45, 50
김산(金山) 73, 76
김성일(金誠一) 32, 34, 35
김억추(金億秋) 44, 47, 55, 97
김완(金完) 97, 98, 128, 129

김제(金堤) 56, 57
김천일(金千鎰) 104, 106
김해(金海) 73, 75

ㄴ

나주(羅州) 45, 49
낙상지(駱尙志) 92, 95, 99
낙상지(駱尙志) 93
난중잡록(亂中雜錄) 18, 23, 24
남강(南江) 109, 110
남대문(南大門) 68, 69
남만(南蠻) 99
남문(南門) 37, 71, 124
남산(南山) 97
남원(南原) 27, 120, 121, 123, 127, 137, 138
남원성(南原城) 124
남이신(南以信) 117
낭고야(郎古邪) 99, 100
내성(內城) 93
노량(露梁) 86, 87

ㄷ

담양(潭陽) 45, 51
대구(大邱) 73, 74
대동강(大同江) 82
대모(戴某) 84
대방일기(帶方日記) 25
도간(陶侃) 144
돈의문(敦義門) 64, 65
동래(東萊) 73, 137
동문(東門) 37, 108
동복(同福) 54
동파역(東坡驛) 68, 69
동평관(東平館) 31, 33
둔포(芚浦) 60, 61

ㄹ

류성룡(柳成龍) 17, 23, 71, 81, 97
류영립(柳永立) 80
류진(柳袗) 23
류희달(柳希達) 45, 49

ㅁ

목청전(穆淸殿) 76, 77, 81
무계진(茂溪津) 73, 75
문경(聞慶) 73, 75, 98
민여운(閔汝雲) 109, 110
밀양(密陽) 73, 74

ㅂ

박명현(朴名賢) 45, 51
박진(朴晉) 91
박충간(朴忠侃) 39, 41
박홍(朴泓) 38, 39
범순인(范純仁) 130, 132
벽제역(碧蹄驛) 68, 69
변기(邊璣) 39, 40
변언수(邊彦琇) 39, 41
변응성(邊應星) 39, 40

변응정(邊應井) 45, 50, 87
보산역(寶山驛) 76, 77
보성(寶城) 119, 120
보성관(寶城館) 46
보통문(普通門) 93, 96
복건(福建) 99
봉계리(鳳溪里) 99
부산포(釜山浦) 37
북문(北門) 54, 127
비격진천뢰(飛擊震天雷) 91
비안(比安) 73, 74

ㅅ

사대수(查大受) 92, 96
사륜거(四輪車) 109
사용재(謝用梓) 99, 100
사유(史儒) 84, 85
사현(沙峴) 68, 69
삭녕(朔寧) 90
산서야사(山西野史) 24
상주(尙州) 39, 41, 73
서생포(西生浦) 121, 122
서성(徐渻) 130, 132
서애집(西厓集) 23
서예원(徐禮元) 104, 107
서일관(徐一貫) 99, 100
서촉(西蜀) 99
서해(西海) 86
서희서(徐希恕) 45, 50
석교(石橋) 68
석연년(石延年) 130
선거이(宣居怡) 45, 48
선산(善山) 73, 74, 99
성산(城山) 44, 47
성수경(成守璟) 104, 107
성응길(成應吉) 38, 39
성주(星州) 73, 75, 99
성호선(成好善) 101, 102, 103
소공주댁(小公主宅) 97
송복흥(宋福興) 38
송상현(宋象賢) 37, 38
송응창(宋應昌) 92, 93
송희립(宋希立) 112, 113, 118
수가(秀嘉) 97, 98
수양성(睢陽城) 54
수원(水原) 59, 60
숙천(肅川) 85
순안(順安) 85, 92
순원성(巡遠城) 123
순창(淳昌) 46, 55
순천(順天) 119
순화군(順和君) 65, 66, 101
숭례문(崇禮門) 97
신각(申恪) 78
신녕(新寧) 73, 74
신립(申砬) 35, 36, 39, 63
신숙주(申叔舟) 31, 32
신할(申硈) 78, 79
심대(沈岱) 90
심유경(沈惟敬) 88, 89, 92, 99, 101

ㅇ

아산(牙山) 60
안방준(安邦俊) 18, 23
안음(安陰) 122
안주(安州) 92, 93, 95
안창현(安昌賢) 24
양건당(兩蹇堂) 131, 137, 138, 142
양건당문집(兩蹇堂文集) 15
양근(楊根) 73, 75
양사형(楊士衡) 55
양산(梁山) 73, 74
양산숙(梁山璹) 105, 107
양원(楊元) 92, 95, 123-125, 127
양주(楊州) 78
엄정구(嚴鼎耉) 23
여산(礪山) 26, 58
염걸(廉傑) 45, 49
염파(廉頗) 102, 103
영변(寧邊) 83
영천(永川) 73, 74
예주(禮州) 73, 75
오유충(吳惟忠) 92, 93, 95, 99
오익창(吳益昌) 112, 113
왕랑(王郎) 68, 70
왕필적(王必迪) 92, 95, 99
요동(遼東) 92, 94, 124
요시라(要時羅) 116, 117
용궁(龍宮) 73, 75
용인(龍仁) 59, 60, 73
용진(龍津) 73, 75
우산선생집(牛山先生集) 23, 24
울산(蔚山) 73, 74
웅령(熊嶺) 87
원균(元均) 115, 117
원씨(源氏) 31, 32
원황(袁黃) 92, 94
유건환(兪建煥) 23
유극량(劉克良) 39, 40, 78
유득공(柳得恭) 25
유정(劉挺) 99, 100
유황상(劉黃裳) 92, 94
윤검(尹儉) 45, 50
윤두수(尹斗壽) 42, 43, 71
윤승훈(尹承勳) 46, 52
윤행임(尹行恁) 25
윤현(尹俔) 44, 45, 47
은봉전서(隱峯全書) 23
의령(宜寧) 101
의주(義州) 84, 85
의흥(義興) 73, 74
이광(李洸) 56, 57, 87
이남(李楠) 45, 51
이대윤(李大胤) 55
이덕형(李德馨) 82
이복남(李福男) 27, 120, 121, 123-125, 127
이빈(李薲) 101, 103, 104
이순신(李舜臣) 21, 23, 27, 45, 46, 48, 86, 118, 119, 130
이양원(李陽元) 39, 41

이억기(李億祺) 112, 114, 119
이언빈(李彦贇) 45, 49
이여백(李如栢) 92, 95
이여송(李如松) 92, 94
이원익(李元翼) 62, 63, 71, 120
이원춘(李元春) 123, 124, 126
이일(李鎰) 35, 36, 38, 39, 68, 81
이장손(李長孫) 91
이전(李戩) 39, 41
이정란(李廷鸞) 45, 52, 56
이준(李浚) 44, 47
이충무공전서(李忠武公全書) 21, 23, 25
이항복(李恒福) 42, 43, 61, 71, 76, 81, 118
인동(仁同) 73, 74
임반역(林畔驛) 84, 85
임진(臨津) 68, 69, 78, 82
임진기사(壬辰記事) 18, 23, 24
임진창의격왜일기(壬辰倡義擊倭日記) 17, 22, 25, 26
임해군(臨海君) 65, 101
임현(任鉉) 123, 125

ㅈ

장기(長鬐) 73, 74
장단(長湍) 70
장사(長沙) 142
장세작(張世爵) 92, 95
장평(長平) 102, 104
적교(吊橋) 104, 105
적벽강(赤壁江) 54, 55
전몽성(全夢星) 45, 50
전주(全州) 45, 52, 56, 87, 124
정경달(丁景達) 46, 53, 112, 113, 118
정구(鄭逑) 84
정기수(鄭麒壽) 111
정기원(鄭期遠) 123, 126
정담(鄭湛) 56, 57, 87
정발(鄭潑) 37
정읍(井邑) 53
정진(鼎津) 104, 105
정철(鄭澈) 71
정탁(鄭琢) 116, 118
제천정(濟川亭) 73, 76
조경(趙儆) 39, 40
조경남(趙慶男) 18, 23, 24
조괄(趙括) 102, 104
조령(鳥嶺) 39, 40, 73, 75, 98
조수익(趙壽益) 23
조승훈(祖承訓) 85, 88, 99
조종도(趙宗道) 122, 123
조팽년(趙彭年) 44, 47
조헌(趙憲) 88, 89
죽령(竹嶺) 39, 40
죽산(竹山) 73, 75
지례(知禮) 73, 75
진도(珍島) 45, 48, 119
진양(晉陽) 111, 137
진우충(陳愚衷) 124, 127

진위(振威) 60, 61
진주(晉州) 27, 101, 105, 119, 120
징비록(懲毖錄) 17, 22, 23

ㅊ

창녕(昌寧) 121, 122
청도(淸道) 73, 74
청정(淸正) 80, 101, 116, 121
청주(淸州) 59, 60, 62, 73
최경회(崔慶會) 104, 107
최원(崔遠) 104, 105
최흥원(崔興源) 63, 71
축천정(丑川亭) 128, 129
충건(忠蹇) 27, 115
충주(忠州) 39, 41, 63, 73, 81
칠성문(七星門) 93, 96

ㅌ

태창(太倉) 68, 69

ㅍ

파주(坡州) 69
평산(平山) 76, 77
평수길(平秀吉) 31, 33
평양(平壤) 65, 77, 83-86, 93
평의지(平義智) 31-33
평조신(平調信) 33, 82
평행장(平行長) 86, 88, 115, 116, 121
평호관(平好官) 93, 96
풍산(楓山) 127
풍이(馮異) 68, 70
풍진(豊津) 73, 75

ㅎ

한강(漢江) 39, 73
한광무(漢光武) 70
한극함(韓克諴) 80
한산(閑山) 27, 86, 114
한산도(閑山島) 113, 119, 124
한응인(韓應寅) 78, 79
함안(咸安) 102, 104
함정호(咸廷虎) 80
해남(海南) 50
허성(許筬) 32, 34
허진(許晉) 68, 69
현소(玄蘇) 31, 33, 82, 88, 93
혜음령(惠陰嶺) 68, 69
호남절의록(湖南節義錄) 26
홍계남(洪季男) 45, 51
화왕산성(火王山城) 121, 122
황간(黃柬) 16, 139, 141, 142
황대중(黃大中) 16, 23, 25-27, 76, 81, 128
황석산성(黃石山城) 121, 122
황윤길(黃允吉) 31, 34, 35
황익현(黃益炫) 16, 139, 143
황익현(黃益顯) 141
황정미(黃廷美) 23, 25, 133
황정식(黃廷式) 83, 84
황정욱(黃廷彧) 65, 66, 80, 101

황진(黃進) 27, 35, 36, 54, 104, 108
황혁(黃爀) 67
황혁(黃赫) 65, 80, 101
황형(黃瑩) 140
효건(孝蹇) 26, 27, 81, 115
휴양성(睢陽城) 55
흥의(興義) 76, 77

영인

찬술선고량건당임진창의격왜일기
纂述先考兩蹇堂壬辰倡義擊倭日記

출처:《양건당문집》 권3, 1896, 국립중앙도서관 소장.

발문
跋文

출처:《양건당문집》, 1896, 국립중앙도서관 소장.

여기서부터는 影印本을 인쇄한 부분으로 맨 뒷 페이지부터 보십시오.

兩蹇堂文集卷之三 二八

山陽竹川開刊

兩蹇堂文集卷之三

意可謂至矣盡矣則何患無成實之效期以勉力刊
行之意中仰相分矣越甲午上言特蒙　貤贈之典
兼旦受記序於名碩巨匠之家隨欲彙爲一編際值
時亂未得就緒逮今丙申始付剞劂豈不爲一門之
榮幸而永有聞於來裔乎　永曆二百五十年丙申
元月下澣十世孫益炫泣血謹跋

歲壬辰冬竹灘族叔東過余曰十世祖兩蹇堂忠孝遺蹟拾存者未爲十之一而歲月浸遠聲光漸微易至湮晦無聞故雖欲鋟刊壽傳上而揚 國朝作成之懿典下而彰吾家世德之遺烈而嗟我諸族旣寒且飢一無效力爲其子孫者孰無欝悒慨歎之心哉言未已淚先沾臆不覺令人 追感余雖不肖無似其在寓羹墻重名節之地亦豈無仰述先美之誠心乎於是愀然整襟再拜而告曰念昔陶士行之勤王在晉七百年後始立祠長沙而揭之以記流傳百世吾祖之節義名行至今未彰者抑亦有時乎族叔之誠

豈非爲後孫者飮泣慨歎者乎聽未迄瞿然省悟越
二年甲午春三月初六日動 駕時咸與道內儒林
相議聯章齊籲於 紸纊之下初八日入啓特蒙
貤贈之典而 恩及泉壤神明之眷感子孫之榮幸
爲如何哉卽欲修改 旌閭懸板而遺蘘實蹟亦將
鋟刊矣因時亂未果越二年丙申期欲續述則事巨
力綿吁吁獨歎族姪益炫徇議相應助力不少其誠
孝尤極懇惻僅僅訖工而成編烏得免畫葫之誚乎
以之傳家庶望有踵述焉 永曆二百五十年丙申
元月旣望九世孫東泣血謹跋

兩蹇堂文集卷之三

文憲而可考者問多有之嗚呼痛矣九世祖兩蹇堂
贈承旨公事實猶有餘存者幸賴八世祖主簿公
纂述與先賢著述遺在塵篋中或失於火或失於盜
而若干收藏者未爲十之一嗟乎逮余不肖未及弱
冠奄哭怙恃東西棲屑實難饘粥之謀安有繼述之
暇哉言念及此徒自泫然者十數年矣去壬辰秋上
京時武愍公嗣孫都事君謙謂余曰吾家自中世以
後克至于今皆稱世閥者寔由於兩祖癸丁殉 國
之餘烈而至於兩蹇先祖其實行卓節旣著南康兩
邑誌及各種史草在在昭詳而一是褒 旌而止哉

跋文

(《양건당문집》, 1896, 국립중앙도서관 소장)

跋

我東忠孝故家磊落相望而惟獨湖南㝡以忠義尤
著者豈非國家根本之所在耶當龍蛇之難泉谷宋
忠烈首先立節於東萊霽峯高忠烈及重峯趙文烈
繼而死節於錦山健齋金文烈族先祖武愍公兵使
崔忠毅世稱三壯士而同時殉節於晉陽鄭忠毅李
忠壯任忠簡及吾先祖兩蹇堂殉義於南原上自
朝家收用其子孫寵之以爵祿裂之以茅土者一以
彰厥祖之勳勞報復有典一以勸後進之追襲蠲減
有常矣年代旣遠世級愈降旣失世祿而無傳莫徵

纂述先考兩蹇堂壬辰倡義擊倭日記

(《양건당문집》 권3, 1896, 국립중앙도서관 소장)

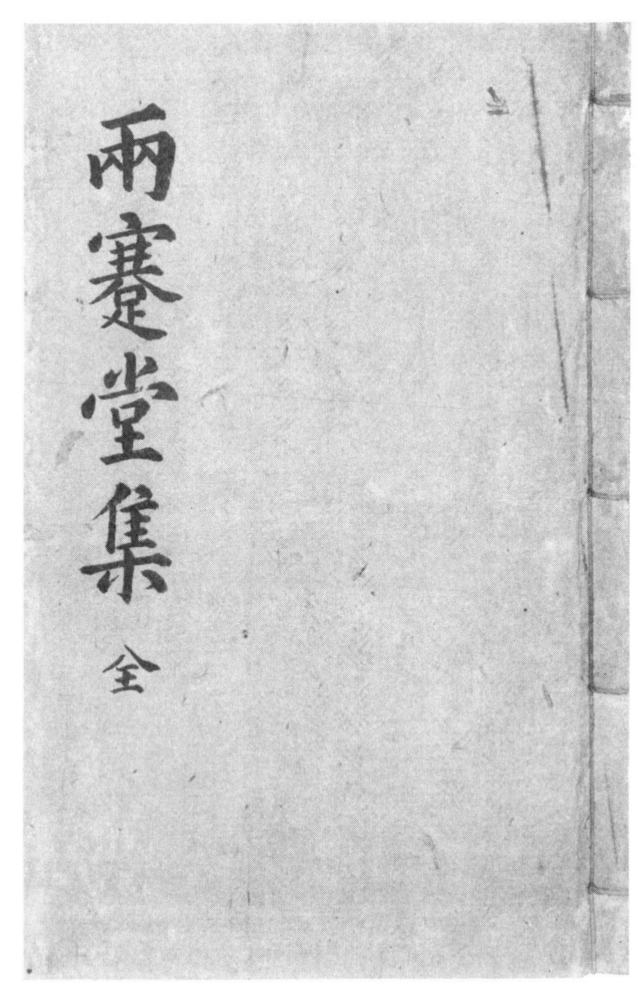

兩蹇堂文集目錄

賦

繪事後素賦

詩

奉和李提督如松題扇詩
附原韻
奉和李統制舜臣閒山夜吟
附原韻
又爲西江月調和李統制
南下鳥嶺遇兵使進相和

附兵使詩

書

上李提督如松書

賀族姪廷彧書

策

大科試一等劵草

兩蹇堂文集附錄目錄

詩並追輓

題兩蹇堂凡十三首

文

宣廟朝乙巳頒教文
顯廟朝庚戌諭祭南原戰亾壯士文
肅廟朝乙卯諭祭南原戰亾壯士文
藥峯徐渻吊祭文
忠武公李舜臣吊祭文
記
南原殉節記
旌閭記
旌閭重修小記
旌閭重修懸板記文

狀 銘 書啓 草記 判付 立案 關文

兩蹇堂黃公行狀

南原忠烈祠殉義碑銘 並序

暗行御史書啓 別單

備邊司草記

判付

禮曹立案

監營關文

序 跋 語類 凡五條

世義序贈黃君廷美

送族弟廷美序
題忠孝錄後
贊 並序
日記 上言 雜著 名錄
擊倭殉節日記
請贈職上言
雜著 凡五條
金陵倡義錄
南原殉義錄
湖南節義錄

兩蹇堂文集目錄 二

兩蹇堂文集目錄 六

玉川同義錄

兩蹇堂文集目錄

兩蹇堂文集卷之三

纂述先考兩蹇堂壬辰倡義擊倭日記

大明洪武初日本王源氏立與我國修鄰好殆二百年始申叔舟以書狀往來 萬曆丁亥橘康光以關伯平秀吉書來語頗不遜有天下歸朕一握之語盖源氏亾已十年矣 朝廷報其書辭以水路險遠不許遣使秀吉大怒殺康光又遣平義智平調信玄蘇至東平館久留請通信 朝議始定 命擇可使者大臣以黃允吉公之九寸叔爲上使金誠一爲副使許筬爲書狀官庚寅三月與義智等同發於是公餞別黃

上使寄詩一聯曰去日莫嫌滄海遠來時必覘 國
家憂辛卯春上副使回自日本復 命上使黃允吉
遂奏倭必渡海請令各該道預整戰具獨副使金
誠一則奏以倭情無可憂 朝廷信之悉罷戎備軍
官黃進(公之再從兄)憤惋不已密書於公曰倭虜將發現
在吾目暗鍊器仗以待有用之日云壬辰春 朝廷
遣申砬李鎰巡視邊備鎰往忠清全羅道申砬往京
畿道平安黃海道皆閱月而還四月初三日倭賊至
釜山浦十三日僉使鄭撥死之又大舉入寇東萊府
使宋象賢登南門督戰半日城陷象賢因詣客館致

書于其父張目掀髯北向四拜屹然端坐受刃而死倭人嘉其死守棺斂尸埋於東門外以標識之卽四月十四日也由是郡縣皆望風奔潰十七日朴泓狀啓至以李鎰爲巡邊使下中路成應吉爲左防禦使下左道趙儆爲右防禦使下西路劉克良爲助防將守竹嶺邊璣爲助防將守鳥嶺以江界府使邊應星慶州府尹李鎰守尙州申砬在忠州以李陽元爲守城將李戩邊彦琇爲京畿左右衛將朴忠侃爲京畿巡察使使守都城金命元爲都元帥守漢江時尹公斗壽爲司僕提調都承旨李公恒福謂尹公斗壽曰

兵曹上番軍士皆鄉曲惻羸者烏合上來徒食軍粮
皆無用之物且當別抄各道驍勇壯士能文學善騎
射出身及閒良者隨在抄來扈衛然後可以固守根
本爲方今第一務 啓請發關本道抄招者八十名
也公以文學孝廉曾入薦剡故亦於道內領抄軍帥
先是淳昌郡守金億秋致書于公及尹俔李浚曰康
津即沿海咽喉急倡義旅結陣城山以扼倭路 貞
陵祭官趙彭年家書曰李公舜臣裝戰船十餘隻向
珍島軍糧百石預運等待云兵使宣居怡都督各邑
軍兵爲守禦計遣首校往羅州請柳希達勸倡起義

大備牛酒設會於本縣客舍糾合義兵爲先傳檄隣
邑於是義士蜂起願納義穀者頗多監察李彥贇願
納私囷二百石弓矢槍劍一一自辦而率家僮百名
及義士百餘人而來守門將廉傑率其弟而來司直
金萬齡與其子判官夢龍來武士尹俔與其弟儉募
兵六十餘人而來義士金德鸞全夢星徐希恕各具
器仗馬匹率壯士十餘人而來海南縣令邊應井率
縣兵而來李楠朴名賢洪季男具滉等選精壯力士
百餘人而來十日之內赴義擧者一千有餘俱在會
盟而馳報于潭陽義會盟主高敬命及全州召募使

李廷鸞羅州義穀將奇孝曾時尹承勳以宣諭使來嶺 傳旨有曰南中義士糾合義旅在在蜂起者或多有之召收散亡刻期大舉左右並進以副予日夜之望於是義士北向四拜大讀失聲不覺血淚相抆矣曾於李公舜臣自井邑縣監陞遷左水使赴任時公與盤谷丁景達往寶城館相與邂逅遂許知己鼎坐談論無非兵家者流而禦侮敵愾之義凜凜然與秋色爭高矣李公見公寶劒神馬大加稱詡曰智謀之士所見略同卽欲委任而公雖欲與知己者死生同苦業已承 命於領抄之任故不得預焉因與辭

別十九日發行抵同福與從兄進終宵湛樂而析罷
啓行臨別出祖於赤壁江岸歇馬立誓曰生爲北門
鎖鑰死爲睢陽厲鬼滅賊扶　社臣子之常分勉哉
勉哉二十日馳發至淳昌本官金億秋及直長楊士
衡正郎李大胤具酒半途班荊而罷二十一日到全
州時府尹新死賊屯錦山兵機甚急監司李洸召募
使李廷鸞設座軍務所使公點考各邑別抄金提郡
守鄭湛管下一人在傍從容請語曰弊郡別抄一人
方以親患屢懇終孝許遞充代如何公厲聲曰今日
之事在於勤　王不在於爲親大呼曰金提別抄速

遠就點於是各邑別抄戰慄就職莫敢飾詐點罷召
募使大備牛酒厚饋因與留別涕泣送之曰未知恢
社之後得相逢見否二十四日到礪山賊兵百餘
攔截前路同行者或被害或走匿公獨拔劒大呼疾
馳如飛於馬上擊斬十餘賊於是別抄壯士皆有生
氣二十六日到公州錦江仰見山城四面鋪陣旗幟
井井逢候吏問四方動靜候吏曰今清州境上賊勢
大熾士女逃竄守城軍士兼且寡弱似難抵敵故請
援使運續不絶又見驛便書則水原龍仁果川之地
賊旗蔽野牙山芚浦賊船連絡姑不下陸振威以下

姑無侵犯之患云二十九日入京納點於兵曹部李
公恒福見公劒馬及身言書判喜得其人厚饋而置
帷中常論籌策三十日清州敗報至人心洶洶　內
有去邠之議是時守城人口僅七千率皆烏合皆有
縋城欲遁之意者也又該曹上番軍士與下吏作奸
賂財私放甚多公大怒曰軍中紀律如是紊亂乎卽
斬該吏梟于街上由是無復私賂者是日大臣入
啓招徵諸道兵入援京師以吏曹判書李公元翼爲
平安道巡察使知事崔興源爲黃海道巡察使卽發
遣撫諭軍民以西　狩之意賊兵入忠州申砬背水

爲陣迎戰敗死四月晦日 大駕離闕先是都下有
京畿監司兩裝直領大月末日之謠而莫知其意也
是日雨以京畿監司直領加 聖體三十晦乃大月
末日也五月初一日 車駕自敦義門出大臣入
啓請 幸平壤以待 天朝兵如何大臣得 旨分
遣 王子諸道使召呼 勤王世子隨 駕臨海君
往咸鏡道領府使金公貴榮從之順和君往江原道
兵判黃廷彧及其子黃赫從之(於公爲九寸姪)臨别握手揮
涕曰以公之智勇必樹大功於 扈駕而吾等之行
北道險遠人性強愎難以義氣多得化之若或遇賊

莫可抽迴死生遲速之會寧可預度乎相如永訣而
分去是時李鎰 狀啓至而宮中衛士皆奔竄昏黑
中景福宮前兩市街哭聲相聞 君臣相揮涕行至
沙峴回視城中南大門內太倉火起煙焰張天踰沙
峴至石橋雨中至碧蹄驛少頃即出衆官多落後不
至過惠陰嶺雨中至臨津 上御舟已渡向昏以火
燭地至東坡驛坡州牧使許晉長湍府使具孝淵以
支待差使員略備 上供扈衛人終日不食亂入廚
中搶奪以食將闕 上供晉與孝淵懼而逃公獨按
轡垂淚而舉劍叱責曰昔漢光武爲王郞所逐馮異

進豆粥麥飯令 主上飢乏至此爲人臣者何敢有
自合呑食之意乎衆皆赧然而退五月初三日 車
駕留開城府京畿吏卒往往逋去公獨以千里外四
顧無親而旣爲人臣當狼狽之時一片丹心矢死於
駕前幸賴李公元翼及李公恒福厚饋未嘗飢乏
是時以柳公成龍爲首相尹公斗壽爲左相崔公興
源爲右相 上御南門 命召還鄭澈自江界配所
至 行在初四日賊卒入京城盖賊自東萊分三路
一由梁山密陽淸道大邱仁同善山至尙州一由長
鬐機長陷蔚山慶州永川新寧義興軍威比安渡龍

宮豐津出聞慶與中路兵合踰鳥嶺入忠州又分西
路一趨禮州渡江由楊根渡龍津出京城一趨竹山
龍仁出漢江之南一由金海從星州茂溪渡江歷知
禮金山出淸州陷城向京城旌旗劒槊千里相連炮
聲相聞十里或五六十里據險設柵以備之都元帥
金命元在濟州亭屢戰不利公出戰斬十餘級而不
入上功之列於是京城無一人守禦者初六日 車
駕出開城府向興義金巖平山次于寶山驛初發開
城倉猝留 宗廟神主于穆淸殿有一宗室呼哭告
曰委 廟主於賊所今欲何之 上亦驚悟問首相

曰誰可馳往奉還者乎李公恆福　啓曰黃大中卽
可人能當禦賊奉還而來公卽承　命與其宗室馳
往奉還得達　行在盖昨夕發今巳時還　上嘉歎
欲加陞資頃刻間軍中惹驚相謂曰賊近賊近　大
駕輒因發夙夜馳入平壤副元帥申恪與賊戰于楊
州斬首六十餘級而　上遣宣傳官斬之盖都元帥
金公命元在臨津　啓恪擅自他適不從令於是宣
傳官旣行而報捷後至　朝廷卽遣人止之未及故
斬恪恪之死實非其罪金命元韓應寅敗績于臨津
別將劉克良申硈死之賊入咸鏡道倭學通事咸廷

虎爲賊將清正所執逃還詳報曰兩 王子及從臣
金貴榮黃廷彧黃赫咸鏡監司柳永立北兵使韓克
諴等皆被執云李鎰敗忠州渡江原道輾轉至 行
在脫身跣足戴平凉子穿白布衫草履而來見公之
馬欲脫之李公恒福柳公成龍持止之曰黃太中以
孝蹇不善步只賴此馬而況昨日馳往穆清殿奉
廟主安還所重在彼不可任奪李鎰乃止賊至大同
江東岸平調信玄蘇上書于禮曹判書李公德馨曰
日本欲借路朝貢中原願借一路德馨責以負約且
令退兵賊乃大舉結陣臨津 六月十六日 車駕出

平壤向寧邊夜入嘉山通川郡守送物膳平壤陷総
知黃廷式出戰死之公之九寸姪公欲收拾其尸身爲賊
所突未果時一酋賊突前欲害公之馬蹴踏嚙喫之
公於馬上擊斬之 大駕向義州 天將総將戴某
遊擊將軍史儒各領一枝兵向平壤至林畔驛聞平
壤陷還駐義州自 天朝賜犒軍銀二萬兩唐將領
到義州十九日史遊擊戰死平壤祖承訓引餘兵過
順安肅川先是平行長到平壤投書曰日本舟師十
餘萬又從西海來云全羅道水軍節制李公舜臣以
三道舟師留屯閑山露梁等浦口以遏賊西上之路

七月湖南義兵將高敬命死節於錦山金堤郡守鄭湛海南縣監邊應井入全州熊嶺爲木柵横斷山路督戰死之諸軍大潰死者甚多本道監司李洸又禦之賊去收聚熊嶺死尸埋路邊作數大塚立木書曰吊朝鮮忠肝義胆盖嘉其死由是一道得全八月湖西義兵將趙憲死節於錦山　天朝遊擊將軍沈惟敬來祖承訓旣敗賊愈驕投書我軍有羣羊攻虎之語盖羊喩　天兵虎以自託也遊擊以單騎往賊中面約曰吾歸報　皇朝當有處分以五十日爲限而倭衆毋得出城外十里槍掠我國人亦毋入十里内

與之爭戰乃於地界立木爲標而去平行長玄蘇等
皆莫測其意京畿監司沈岱在朔寧爲賊所害懸其
首於街上五十日而面色如生京畿人賂財物於守
倭贖出函送江華與尸俱葬慶尙左兵使朴晉使大
炮匠李長孫創出飛擊震天雷能至五六百步入墮
城中倭聚觀之俄頃火出炮中而發鐵片如星碎中
者即死三十餘人賊最畏此物十二月 天朝大發
兵以兵部右侍郎宋應昌爲經略兵部員外郎劉黃
裳主事袁黃爲贊畫來駐遼東以提督李如松爲大
將率三營將李如柏張世爵楊元及南將駱尙志吳

惟忠王必迪等渡江來兵數四萬餘先是沈遊擊旣
出倭歛兵不動旣過五十日惟敬又至再入城 天
兵至安州下營於城南旌旗器械整肅如神李提督
題詩扇面寄我國諸公皆唱和之公亦和之見原集提
督使副摠兵査大受往順安紿倭曰 天朝已許和
沈遊擊且至玄蘇等大喜獻詩曰扶桑息戰服中華
四海九州同一家喜氣忽淸寰宇外乾坤春早太平
花卽癸巳春正月也使其小將平好官出迎沈遊擊
于安州査總兵留與飮酒伏起縱擊擒平好官斬之
自此 天朝兵大至翌日提督進圍平壤攻普通門

七星門登城列立紅白旗拒戰 天兵以火炮火箭
攻之炮聲震地數十里山岳皆動火箭布空煙氣蔽
天箭八城中處處火起林木皆焚駱尙志吳惟忠等
力戰內城賊依土壁多穿孔穴從穴中放銃丸 天
兵多傷四月十四日京城復 天兵入城李提督館
於小公主宅(今稱南別營)與大臣定議欲迎 大駕而佯
與賊和解退兵李提督謂柳公成龍曰余當追賊南
下本國須當以慣識南路及驍勇者爲旗牌前裨將
善導於前路云故依扈衛中公論抄擇公及金億秋
金完 啓請送之公自念辭別 君父去向豺狼之

路心甚不安仍不覺潸出涕泗時城中守禦百無一
存獨羸弱困疲如鬼面者而已公私廬舍一空自崇
禮門以東循南山一帶爲賊所止故廬舍稍存 宗
廟三闕及各司館學在大街以北皆蕩然惟餘灰燼
而已小公宅亦秀嘉所止故見遺五月初三日李提
督大舉南下公以前導裨將馳往嶺南到鳥嶺遇黃
兵使進不勝激慨之心血淚相視與之唱和見原集五
月初十日李提督追倭至聞慶 天朝又使泗川總
兵劉挺率福建西蜀南蠻等處召募兵五千繼出星
州南將吳惟忠屯善山鳳溪祖承訓葛逢夏屯居昌

駱尚志王必迪屯慶州環四面相持糧餉取於兩湖
踰越險阻民力益困提督使沈惟敬往喩倭令渡海
又使徐一貫謝用梓八郎古邪見關伯六月賊始還
兩 王子臨海君順和君及宰臣金貴榮黃廷彧黃
赫等先遣沈惟敬歸報而知之公聞甚欣悅卽析簡
致賀書見原集 自五月十五日至六月清正率十三萬水
陸並進而犯晉州 朝廷連督諸將追賊進擊都元
帥金命元巡察使權慄副察使李薲以下所擧義兵
聚合于宜寧議渡歧江前進公及郭再祐爲言曰賊
勢方盛我軍甚弱又無糧餉不可輕進李薲從事成

好善不閒軍旅徒有輕急之舉奮臂責諸將之逗遛
不戰公更言曰昔廉頗常多間牒堅壁不出久而有
代邊之勝趙括易言兵事不知合變速而有長平之
敗元帥權慄終不聽與好善合謀進咸安城空倉虛
諸軍之食皆摘青柿實以食無復鬪志飢而賊大至
炮聲震天人心恟懼或墮吊橋或登鼎津望見賊兵
從水陸蔽野塞川而來權慄金命元李蕡崔遠等向
全羅道惟倡義使金千鎰本道兵使崔慶會忠淸兵
使黃進牧使徐禮元唐將支待差使員成守璟復讎
將高從厚梁山璹等皆入晉州是時賊立飛樓入坐

俯瞰城中刈城外竹林作大束環列自蔽以防矢石
從其內發鳥銃如雨下城中人不敢出頭千鎰與禮
元主客相猜號令乖違令出多門兵家忌嫌此外何
有公以五十騎處在其間期欲和解而計無可施六
月十四日公與從兄兵使進合兵二十一日與賊交
戰至二十三日三戰退賊至夜又戰賊死者屍積如
邱血流成瀆翌日賊兵添至屯東門外積土爲山俯
視城中放丸如雨公與兵使公對築高壘放大炮於
其上破賊窟七戰七却賊又以木櫃藏兵欲破我城
而又投書云 大明兵已降一片孤城胡爲不下兵

使公納書於片箭末而射答曰我國死戰而已二十七日賊兵戴四輪車藏兵木櫃亟推而進一邊以灌油束草燃火投之一邊以火箭燒其結柵死者無數而賊退南江外二十八日賊衆又以鐵椎鑿城城中人殊死力戰而賊屍盈塹有數賊匿於屍中仰見巡城忽然放丸發矢兵使公中額而死閔汝雲中流矢而死翌日城陷義將仁帥及軍民墮城投水死者六萬有餘得脫者但數百人公獨倖免亦欲投水而死忽自念我劒我馬尚不盡煌煌寶釆昂昂逸氣則與其無功而殞身曷若滅賊而報 國吾今不死亦天

也今可馳往莫若與李統制同事與鄭麒壽策馬衝
陣直斬倭酋率數三孱兵而晝則竄伏夜則行路七
月初四日至李統制管下李公舜臣握手流涕曰蹇
孝子貫穿賊鋒而至此豈是偶然哉因詳陳晋陽之
陷李公失聲痛哭而北向四拜祝天曰天何爲至於
此極耶因留幕下共論籌策是時與右水使李憶祺
發諸道兵東向下陸屢至勝捷十月 大駕還都城
甲午李統制整東水軍未及發船猝有病攝公與宋
希立丁景達吳益昌等殫誠求病無異親癠而幸復
天和 啓請移陣閑山島賊畏㥘而退三月十九日

倭船三隻鬧然來泊於浦口數倭立船頭大喝數聲
曰朝鮮雖百朝鮮閒山雖百閒山其奈余何李公佯
㥘而退倭酋着金胄紅甲促船漸近水使李億祺指
揮我師大放炮箭公以柳葉箭射賊酋卽仆于洋中
諸軍因勝勢捕殺餘賊而還李將大喜曰天生大中
射賊大中屢加歎賞嘗夜月明天寒李將與公強飮
不禁愁緖相與吟唱(見原集)十月初一日倭平行長屯
巨濟兵勢甚盛李將亦以盛陣軍馬示之公於船上
終日督戰射賊死者數十級未及回船爲賊丸所中
右股輒傷李將大驚命舁入幕中撫公之股曰昔孝

蹇令又忠蹇耶過十餘日幸而得甦乙未正月李將代元均爲統制仍本職害言漸間時平行長欲除去李將百計圖之使要時羅行反間曰淸正非久再出朝鮮若令舟師誘入洋中殺之和事可成 朝廷墮其計促令李將進戰誘殺淸正李將先知倭之僞詐終不前進事聞 朝廷皆疑咎丁酉正月十五日臺諫請拿掬二月二十五日李將舜臣被拿就途 上猶疑所聞遣御史廉問于嶺湖沿路到處軍民遮路呼痛訟李將無罪又不以實聞李將至獄 上命大臣論罪獨中樞府使鄭琢極言舜臣無罪而言名將

不可殺請寬恕以責後效栲問一次減死削職充軍三月初三日公與宋希立丁景達數十人叫閽二十八日而有曰今 國家存亡在李某之死生時金公命元李公恒福入 啓伸救四月初一日特蒙恩宥七月十六日水使李億祺死之三道舟師皆潰八月初三日閑山敗報至 朝廷復以李舜臣爲統制使將士皆稍稍來集李將與公及軍官九人牙兵六人自晉州至順天收得散兵百餘至寶城乃二千有餘又向珍島大會舟師時南原危急體察使李公元翼 啓請檄召各營門一才軍官使救南原公又

入其沙泣謝李将曰晉州之戰幸而不死來受令公
節度者欲與死生同苦矣今棄令公而向南原其所
集諸将歷歷皆知旣無精利老熟之将又無情親恩
仁之帥隨機應變與誰共之事出不己直馳與兵使
李福男向南原即丁酉八月初六日也倭将清正自
西生浦向全羅道與平行長合勢進攻南原元帥以
下皆望風引去傳令各處山城入守者皆散去惟義
兵将郭再祐入昌寧火王山城期死守之安陰縣監
郭䞭入黄石山城諸軍皆潰䞭與子履祥履厚皆死
趙宗道入城中作詩曰崆峒山外生猶喜巡遠城中

死亦榮是時外無蟻援 天朝摠兵楊元走免全羅
兵使李福男南原府使任鉉助防將金敬老求禮縣
監李元春接伴使鄭期遠皆死之先是楊摠兵至南
原增築城一丈城外築羊馬場多穿炮穴城門上安
埋大炮數三坐鑿深濠塹一二丈閒山旣敗賊水陸
並進南原甚急城中洶洶人民逃散楊摠兵所領遼
東軍馬三千在城內檄召兵使李福男福男所率纔
百餘人到城下放鳥銃我軍皆散伏田畝八月初七
日李元春金敬老繼至初十日倭列陣環城三面以
炮銃迭放先時南門外民舍稠密摠兵楊元皆焚之

猶餘石墻土壁賊依墻壁間隱身放丸死者甚多十
二日城上人望見賊衆刈草及田中稻禾作大束數
千積墻壁間時遊擊將軍陳愚衷領兵三千在全州
南原軍日望來援久不至是以我軍堅守不戰賊兵
自謀綢繆是以相持屢日十三日守堞軍往往有欲
遁之意而倭炮向城亂發飛丸如雨雹下俄而草束
已平濠又堆積羊馬場內外頃刻與城齊賊兵躁躙
登城楊總兵及李兵使諸軍皆無對戰之心悉促馬
爭出門塡塞街路倭兵圍城外數三匝各守要地奮
長刀亂斫之我軍俛首受刃楊元走免先是公以孤

軍單卒處於李福男楊元兩陣之間機務節度携二
不一故公乃決死曰南原是吾邱墓之鄕卽我死所
矣卽下馬登城北門樓北向四拜祝天又西望楓山
先塋再拜仍堅坐受刃俄而賊丸輒至卽絶氣倭奴
數十亦嘉其死義而哀之搜見戶牌卽裂帛三尺書
之曰朝鮮忠臣黃大中揭于尸傍又令其遞使倭官
大呼曰朝鮮之人爾不知爾國忠臣黃某之死乎時
主簿金完在於丑川亭林崖下聞之少俟賊退來收
公尸公猶奄奄有一縷喘息而省知其金完之來謂
曰歛我尸載我馬以歸我家言訖而沒其行槖中所

貯者郎陣中日記也時丁酉八月十六日也金主簿
完親自護喪歸家余時年十九慈闈時年五十於是
發喪昊天罔極慈母呼天叩地曰汝父爲忠臣死則汝
母當爲烈婦死而千里落鄉孤寓之家只有一孤兒
倖望忠臣之後祀事而不死可乎因絕而復甦余實
不肖不能作高從厚復讎之忠孝其可曰有是父有
是子乎離亂六年公私蕩盡從軍者受刃而生者無
幾在家者忍飢而生者亦無幾千百年畿甸氛祲晦
冥三千里江山人煙蕭瑟四隣無假貸之誼九族絕
賙給之禮至於無兄弟無恆產孤貧之家遭此罔極

之大事喪禮之節姑舍而襄奉之道末如逾年未葬
矣何幸同時倡義家父老爲是矜憫俾存莪蓼之恤
義故村之東數百步許僅成襄禮一抔形容何異於
褐夫賤卒之墳也不可謂朝仕大夫忠臣孝子之墓
矣葬後之月徐尙書渻哀先公之殉作文送祭李統
制舜臣至古今島作文致祭而又恤余家越戊戌十二
月十九日李統制公中賊丸而卒嗚乎痛哉歲己亥
朝家始平越五年甲辰錄三等功臣抄定勳府蒼
天眷感先靈格佑余幸有二子庶有望繼承之慶而
雖弃常行路指點先公之所居曰兩蹇堂堂前堂後

種竹種松栢築小池於堂前而池東池西種蓮種蘭菊四時蒼碧百世芳香盖取諸先公卓節貞心之意也不肖子廷美謹泣血纂次以傳永世焉

영인

찬술선고량건당임진창의격왜일기
纂述先考兩蹇堂壬辰倡義擊倭日記

출처 : 《양건당문집》 권3, 1896, 국립중앙도서관 소장.

발문
跋文

출처 : 《양건당문집》, 1896, 국립중앙도서관 소장.

여기서부터 영인본을 인쇄한 부분입니다. 이 부분부터 보시기 바랍니다.

역주자 신해진(申海鎭)

경북 의성 출생
고려대학교 국어국문학과 및 동대학원 석·박사과정 졸업(문학박사)
전남대학교 제23회 용봉학술상(2019) ; 제25회 용봉학술특별상(2021)
현재 전남대학교 인문대학 국어국문학과 교수

저역서 『농아당 박홍장 병신동사록』(보고사, 2022), 『청허재 손엽 용사일기』(보고사, 2022)
『추포 황신 일본왕환일기』(보고사, 2022), 『청강 조수성 병자거의일기』(보고사, 2021)
『만휴 황귀성 난중기사』(보고사, 2021), 『월파 류팽로 임진창의일기』(보고사, 2021)
『검간 임진일기』(보고사, 2021), 『검간 임진일기 자료집성』(보고사, 2021)
『가휴 진사일기』(보고사, 2021), 『성재 용사실기』(보고사, 2021)
『지헌 임진일록』(보고사, 2021), 『양대박 창의 종군일기』(보고사, 2021)
『선양정 진사일기』(보고사, 2020), 『북천일록』(보고사, 2020),
『패일록』(보고사, 2020), 『토역일기』(보고사, 2020)
『후금 요양성 정탐서』(보고사, 2020), 『북행일기』(보고사, 2020)
『심행일기』(보고사, 2020), 『요해단충록 (1)~(8)』(보고사, 2019, 2020)
『무요부초건주이추왕고소략』(역락, 2018), 『건주기정도기』(보고사, 2017)
이외 다수의 저역서와 논문

양건당 황대중 임진창의격왜일기 兩蹇堂 黃大中 壬辰倡義擊倭日記
2022년 5월 30일 초판 1쇄 펴냄

원저자 황정미
역주자 신해진
펴낸이 김흥국
펴낸곳 도서출판 보고사

책임편집 이경민
표지디자인 김규범

등록 1990년 12월 13일 제6-0429호
주소 경기도 파주시 회동길 337-15 보고사 2층
전화 031-955-9797(대표)
02-922-5120~1(편집), 02-922-2246(영업)
팩스 02-922-6990
메일 kanapub3@naver.com/bogosabooks@naver.com
http://www.bogosabooks.co.kr

ISBN 979-11-6587-336-3 93910

정가 14,000원